中国农业科技政策执行效果评估及执行机制优化研究

李 平 陈池波 著

中国财经出版传媒集团

经济科学出版社

Economic Science Press

图书在版编目（CIP）数据

中国农业科技政策执行效果评估及执行机制优化研究/
李平，陈池波著．—北京：经济科学出版社，2020.12
ISBN 978 - 7 - 5141 - 1184 - 2

Ⅰ．①中…　Ⅱ．①李…②陈…　Ⅲ．①农业政策 - 科技
政策 - 研究　中国Ⅳ.①F320②G322.0

中国版本图书馆 CIP 数据核字（2020）第 079489 号

责任编辑：刘　莎
责任校对：刘　昕
责任印制：邱　天

中国农业科技政策执行效果评估及执行机制优化研究

ZHOUGGUO NONGYE KEJI ZHENGCE ZHIXING XIAOGUO
PINGGU JI ZHIXING JIZHI YOUHUA YANJIU

李　平　陈池波　著
经济科学出版社出版、发行　新华书店经销
社址：北京市海淀区阜成路甲 28 号　邮编：100142
总编部电话：010 - 88191217　发行部电话：010 - 88191522
网址：www. esp. com. cn
电子邮件：esp@ esp. com. cn
天猫网店：经济科学出版社旗舰店
网址：http://jjkxcbs. tmall. com
固安华明印业有限公司印装
710×1000　16 开　13.25 印张　210000 字
2020 年 12 月第 1 版　2020 年 12 月第 1 次印刷
ISBN 978 - 7 - 5141 - 1184 - 2　定价：45.00 元
（图书出现印装问题，本社负责调换。电话：010 - 88191510）
（版权所有　侵权必究　打击盗版　举报热线：010 - 88191661
QQ：2242791300　营销中心电话：010 - 88191537
电子邮箱：dbts@ esp. com. cn）

序

实施乡村振兴战略是党的十九大作出的重大决策部署，是新时代"三农"工作的总抓手。农业农村现代化是实施乡村振兴战略的总目标。习近平总书记曾深刻指出，"中国现代化离不开农业现代化，农业现代化关键在科技、在人才。要把发展农业科技放在更加突出的位置，大力推进农业机械化、智能化，给农业现代化插上科技的翅膀。"科技强则农业强，科技兴则农业兴。实现农业农村现代化，关键是以农业科技创新促进农业发展方式转变，促进科技与现代农业产业体系融合。2004年以来，连续17年的中央一号文件均聚焦"三农"，同时也对"农业科技创新"提出了相应的要求，彰显了国家决策层面对农业科技的重视。新世纪以来，我国政府陆续出台了一系列农业科技政策，逐步构建起具有中国特色的农业科技政策框架体系，为推进农业科技进步和农业农村现代化作出了重大贡献。据统计，我国农业科技进步贡献率从2005年的48%提高到2019年的59.2%，科技驱动农业农村现代化取得显著成效。然而从我国农业科技实践来看，农业科技原始创新能力较低、农业科技成果转化率不高、农业科技服务供给与需求不匹配等问题依然比较突出。究其可能的原因，一方面在于我国农业科技创新体制不健全；另一方面在于我国农业科技政策的执行机制不完善，导致一些农业科技政策没有得到很好的落实和执行。这反映我国农业科技政策亟需进一步优化完善。与此同时，推进农业农村现代化、实现乡村全面振兴，也赋予农业科技创新新的历史使命，对新时代农业科技政策提出新的要求。因此，全面了解我国农业科技政策的执行情况，评估农业科技政策的执行效果，找准当前农业科技政策存在的主要问题，优化农业科技政策的执行机制，对于推进我国农业科技进步、加快农业农村现代化和实现乡村全面振兴具有重大现实意义。本书以"农业科技政策"为主要研究对象，坚持问题导向原则，遵循"机理分析－明晰现状－成效评估－经验启示－机制优化"的行文逻辑，进行了深入的调查研究和归纳总结，既明确了农业科技政策执行层面的关键问题和制约因素所在，更提出了明确的解决思路。通览全书，研究思路清晰明确，研究方法使用科学，研究内容具有针对性和实用性，研究结论对于完善农业科技政策体系、推进农业科技创新驱动乡村振兴具有重大现实价值。总之，这是一本切合实际、特色鲜明的学术专著。最后，作为湖北省社科基金一般项目（后期资助项目）"中国农业科技政策执行效果评估及执行机制优化研究"（编号：2020111）的主要研究资助成果，同时也得到了国家自然科学基金委员会、国家哲学社会科学工作办公室、中国博士后科学基金会等部门的关心和支持，一并表示感谢。

陈江波

2020 年 12 月于文泉楼

前　言

改革开放 40 多年来，中国农业农村现代化建设取得了举世瞩目的成就。当前，我国经济发展进入新常态，农业现代化建设已到了加快转变发展方式、全力推进乡村振兴的新阶段。随着农业生产内外部环境及发展模式的深刻变化，更加重视依靠科技创新解决制约农业发展的突出问题，必须充分依靠科技创新激活发展新动能，实现创新驱动农业农村高质量发展。执行好农业科技政策是推动科技发展的强劲动力，是农业科技创新体系建设的题中之义，更是加快推进农业转型升级的关键举措。本书以"农业科技政策"为对象，重点关注其执行效果及执行机制优化问题，研究中严格遵循问题导向逻辑，整体框架设计体现为"机理分析—明晰现状—成效评判—经验启示—机制优化"的行文脉络。首先，使用文献计量、理论推演等方式，明确了农业科技政策执行的作用机理，重点探究了农业科技政策执行作用于产业发展的传导机制，这是本书理论逻辑起点。其次，通过系统梳理农业科技政策体系，尤其是农业科技政策执行的历史演进过程，并加深了对农业科技政策供需模式的了解，从总体上把握了研究对象的边界。最后，在农业科技政策执行效果评估及典型国家农业科技政策执行经验分析的基础上给出了优化农业科技政策执行机制的建议。

第一章

绪 论

第一节 选题依据

改革开放 40 余年来，中国的农业农村现代化建设取得了举世瞩目的成就。当前，我国经济发展进入新常态，农业现代化建设已到了加快转变发展方式，全力推进乡村振兴新阶段。随着农业生产内外部环境及其发展模式的深刻变化，更加重视依靠科技创新解决制约农业发展的突出问题，必须充分依靠科技创新激活发展新动能，实现创新驱动农业农村高质量发展。执行好农业科技政策是推动科技水平发展的强劲动力，是农业科技创新体系建设的题中之义，更是加快推进农业转型升级关键举措。尤其是进入 21 世纪以来，我国政府出台的一系列创新政策在健全农业科技创新政策体系，提高农业科技进步贡献率方面取得了显著效果，其中 2004～2019 年连续 16 年中央一号文件锁定"三农"问题，国家加大农业支持力度的战略意图凸显。历年中央"一号文件"关于"农业科技政策"表述详见表 1 - 1。

表 1 - 1   近年来中央"一号文件"关于农业科技支持政策的内容

年份	相关表述	农业科技进步贡献率（%）	年份	相关表述	农业科技进步贡献率（%）
2004	加强农业科研和技术推广	约46.5	2012	依靠科技创新驱动，引领支撑现代农业建设	53.5
2005	加快农业科技创新，提高农业科技含量	48	2013	加强农业科技创新能力条件建设和知识产权保护	55.2
2006	大力提高农业科技创新和转化能力	—	2014	推进农业科技创新	55.6
2007	推进农业科技创新，强化建设现代农业的科技支撑	—	2015	强化农业科技创新驱动作用	>56
2008	着力强化农业科技和服务体系基本支撑	>50	2016	强化现代农业科技创新推广体系建设	56.2
2009	推进农业科技进步和创新	约为51	2017	强化科技创新驱动，引领现代农业加快发展	57.5
2010	提高农业科技创新和推广能力	52	2018	加快建设国家农业科技创新体系	58.5
2011	强化水文气象和水利科技支撑	53.5	2019	加快突破农业关键核心技术	—

资料来源：历年中央一号文件和农业部、科技部相关文件及《中国农业科技发展报告（2012~2017）》，2004年、2008年、2009年、2015年的年份为大约数，有些年份未见公开报道以"—"表示。

目前，我国的经济发展进入新常态，如何在经济增速放缓、农业面临"双重挤压"和资源环境约束趋紧的背景下创新农业科技政策的执行方式，强化农业基础地位是必须破解的重大课题。然而，受制于基本国情和发展的不同阶段，我国农业科技创新体制和具体机制的选择在不同时期存在重大区别，体现为一种由国家主导型向市场主导型渐变的历史大趋势。近年来，在创新驱动发展战略实施背景下，为加快建设国家农业科技创新体系，我国结合自身科技资源现状及产业发展的现实需求，把农业科技创新摆在发展全局的首位，着力构建以涉农企业为主体、市场为导向、产学研相结合、中介服务机构协调配合的农业技术创新体系，取得超级杂交稻、智慧农业与智能农机装备、绿色增产增效技术等一大批突破性创新成果。但是更多的农业科技创新过程进展并不顺利，表现在"创新"的帽子下，产、学、研各方的利益诉求和关注点不完全相同，力无法往一块使，容易形成创新的"孤岛"困局。事实上，随着改革与发展地深入推进，当前以产—学—研为代表的协同创新模式，带来农业科技创新情景发生着深刻变化，对创新各主体提出了新要求，创新资源的分散、分割、协同性差等制约突破性创新的深层次问题开始显现。在农业创新领域以产—学—研为主体开展协同创新，充分发挥市场在科技资源配置中的基础性作用不等于无视政府的作用。鉴于农业创新活动的风险性和不确定性大，以及创新对农业经济增长和国家竞争力提升的重要性，在鼓励并支持涉农企业探索建立以企业研发力量为核心，大学和农业科研院所相关研究力量和科技中介服务机构紧密参与的合作创新体系基础上，需要政府必须对创新活动予以引导和支持。论及政府对创新活动的支持，不仅仅是创造良好的创新环境，还要深度与大学、研究机构以及企业一起，共同携手推动农业科技创新，这有很多的现成例子。但从农业科技创新的实际效果来看，我国农业科技成果转化率仍不高，基础和应用基础研究能力和产出仍是短板，且关键核心技术受制于人的局面未根本改变。这表明我国农业科技创新体制机制建设不够完善，尚不能完全支撑创新驱动发展和农业农村经济高质量发展的战略需求，与此同时农业发展科技政策执行过程存在"梗阻"现象，还会制约政策的执行效果和政府的公信力，为此农业科技创新政策体系需持续优化。此外，新一轮科技革命和产业革命正在孕育之中，农业科技领域重大颠覆性创新将不时出现，建立健全科学有效的科技创新政策体系对提升我国农业科技创新能力非常有必要。那么，政府如何执行农业科技政策才有助于发挥创新的驱动导向作用，激发各创新主体的能动性，进而为农业高质量发展提供原生动力？在此前提下，非常有必要对我国不同创新情境下的农业科技政策执行及动态调整效果进行系统总结梳理，从历史与现实维度明确其演变特征、趋势及不足，并对典型的农业科技创新政策执行效果开展科学评估，进而调整农业科技政策的目标定位，创新农业科技政策体系，优化农业科技政策执行机制，提高农业科技政策执行的效率。当然，除此以外这些问题同时需要深入思考：（1）农业科技政策执行效果评估与执行机制优化的理论机理分析框架的设计应如何开展？政策执行效果及执行机制优化策略的路径有哪些？（2）农业科技政策执行效果和机制优化策略中，如何界定政策需求者和供给者的不同行为模式和行为边界？（3）中国农业科技政策执行效果如何？（4）有什么典型经验可以借鉴，如何落地和本土化？上述这些方面既是本研究选题的部分缘由，也构成了研究的重要方面。

一、国内外相关研究的学术史梳理及研究动态

（一）农业科技创新政策演进：单一类型到多元化发展

公共政策执行本质上是政策组织作用的产物，政策激励问题存在于几乎所有的创新组织之中，公共部门促成创新主体的行为目标与创新活动的组织目标相契合的相应举措，表现的就是政策激励和政策执行。正如有些学者所说，创造必要的农业技术，并利用这些技术使发展中国家能够使其农业系统适应不断变化的气候，也需要在政策和体制方面进行创新（Lybbert & Travis et al.，2012）。激励问题较早由赫尔维茨1959年在《资源分配过程中的最优性和信息效率》中提出，并主要关注于资源的分配机制，而后该理论在科技创新组织建设方面也得到了广泛应用，对于技术创新实践活动而言，国家干预将作用于技术进步或创新，影响着其创新速度和方向，而合理有度的政策干预是最见成效的激励。政府激励政策往往为解决创新主体技术创新的不确定性而设定（杜伟，2001），且针对的创新主体多为企业、高等学校和科研院所。关于政府

政策对创新的影响，早期研究偏重于理论阐述与定性分析（吕振永等，2002），目前则偏重于实证性研究，其中多数学者肯定了激励政策对创新活动的积极影响（Gustavo Manso，2011），但是也有学者借助于财税、土地、股权等特定领域的实证研究发现明显不一样的结论，如吴一平（2017）的研究就认为开发区的优惠政策抑制了企业创新能力，使得企业从事创新活动的概率比平均水平降低了 7.14 个百分点，而切梅里斯和安娜等（Chemeris & Anna et al.，2019）表示粮食安全的变化将在很大程度上受到创新、气候变化以及农业生产运行所依据的政策机构之间的关系的推动，戴妃等（Devi. P. et al.，2015）认为补贴政策可以是持续采用技术的必要条件，但不是充分条件。事实上，确实需要全面理解激励政策对企业创新的作用及其内在机制，也有学者鉴于政府和市场关系的观察，建议构建起协调市场化和非市场化激励手段的国家创新政策体系，通过企业的不断创新，推动经济的转型升级，此外艾莉森·洛康托等（Allison Loconto et al.，2017）认为坦桑尼亚最近的科学、技术和创新（STI）政策的基础在于为鼓励农业投资提供"适当"的条件，然而政府的失败却在于没有系统地采用技术采纳和创新的做法。近年来，学术界对科技创新政策的研究焦点已经由创新链思维拓展到创新生态系统思维（肖红军，2014），因此，相关实证研究已表明创新政策整体发展已从个体创新激励转向了机制创新激励（陈向东，2004）。此外有关于农业科技政策演进研究，从定性角度进行阶段划分的著述较多，如黄敬前（2014）以中华人民共和国成立来农业科技发展相关规划为主线，连同相关的政策文件，将中国农业科技发展分成"基础奠定""消弱""恢复建设""改革创新"四个阶段，而相关学者张朝华（2013）、旷棕仁（2012）等也有着类似划分，而近年来，学者们倾向于使用文本分析手段对农业科技政策演进状况进行系统梳理（李容容等，2018），还有学者使用量化政策的结果构建计量经济模型，探究了我国农业科技政策演变趋势及特征（毛世平等，2019），这些研究成了本书的有益借鉴。

（二）政策执行下创新主体行为逻辑及创新模式：从"单打独斗"走向"协同创新"模式

关于农业创新主体的范围，主要包括涉农企业、高校和科研机构三大主体，这基本形成了社会各界的共识，其中总体上企业技术创新主体地位在实践层面上有了大幅度提升，这在理论层面上也得到了证实（张赤东，2015），当然如果以全球化进程为例，农业科技企业科技力量强，为我国农业的发展起着科技示范作用，它稳定了农业基础，提高了我国农业的国际竞争力（任爱玲，2006）。另外，企业创新主体地位的确立是因为本国企业成为全球价值创造和价值分配的主体，因此政府在政策工具选择上要以完善市场环境和市场机制为主（孙玉涛，2016），同时因为管理体制和运行体制不相适应，致使支持农业科技企业技术创新的政策导向上模糊，且存在系统效率的损失，农业科技企业的进一步发展面临挑战（任爱玲，2006）。有鉴于此，目前就企业创新激励机制研究较多，并重点探讨其中创新过程中利益主体的行为博弈与利益机制设计问题。此外，金融机构、知识产权等第三方中介机构在创新活动中的地位也得到了认同（高月姣，2015）。不容忽视创新主体有着自身行为逻辑和创新模式，这其中制度环境变迁通过创新主体地位的确立和创新资源条件的创造，对企业技术创新行为产生影响（王钦，2018）。通过逐步完善区域创新体系，各类创新主体已实现从单打独斗、封闭式创新向开放式协同创新转变，如相关研究即发现在技术创新提升作科技创新后，企业不仅是采纳新技术的主体，还会积极参与产—学—研合作创新体系中（洪银兴，2012），与此同时，我国技术创新政策也逐步摆脱依赖行政措施或其他单一政策措施实现政策目标的经验，而迈向综合施策，进而借助于多项举措协同推动技术能力的提升（彭纪生，2008），还有学者关注了创新主体行为与创新绩效的关系问题（李柏洲，2015），此外王发明（2018）则专注于创新生态系统价值共创行为影响因素的研究。事实上，开放创新的概念近年得到了持续关注（Ulrich Lichtenthaler，2011），新时代下的创新主体行为模式又对农业科技政策环境提出了新要求，这是本课题需考量的重要内容。

（三）农业科技创新政策工具设计及选择逻辑机理

由于政府促进创新的政策变化是多样的，科技创新政策的选择也应该是多种多样的（Rothwell & Zegveld，1985），比如供给类、需求类和环境类创新政策工具（蔺洁，2015），田进、谢长青（2018）就中国农业科技创新政策的"政策工具——科技创新链二维"的分析中也采用这一分类方法。创新政策工具的选择必须权衡社会效益与经济收益，此外还要考虑各类政策的协调配合（范柏乃，2012）。随着改革开放的深入与经济快速发展，我国的产业政策历经了一个由计划与选择性产业政策结合的产业政策体系，向以选择性产业政策为主、以功能性政策为辅的产业政策体系转变的过程（江飞涛，2018）。在政策体系演变过程中，创新主体激励政策的选择受到多重因素的影响，包括企业所处的发展阶段的不同（闻媛，2009）、政府目标、交易成本（湛中林，2015）、创新主体行为逻辑和特征等。具体到农业科技政策领域，中国的农业科技政策具有面向小农的政策属性，但并不是以改善小农生计为导向的，因此"以农民为中心"的思想应当成为当前农业科技政策变革的首要原则（李小云等，2008），实际上农业科技政策的执行在不同类型农民内部也存在着不同，按照罗伯特·特里普（Robert Tripp，2001）的说法，其中新兴的商业型农民因需要参与全球商品链，为此政策层面需要就管理和技能强化进行创新，实际上较多学者关注到了发展中国家小农生产农业技术政策问题，如小规模农业技术变革和创新（Omamo，S. W. et al.，2003）、可持续技术采纳政策（David R. Lee，2005；David R. Lee et al.，2006）、可持续生产中信贷计划创新等（Johannes Woelcke，2006），还有学者将视角聚焦到农业部门，其中德尔加多等人（Delgado C. et al.，1994）通过哈格布尔和哈泽尔半输入输出模型考察了农业技术和政策改革促进非洲农村部门间的增长的联系，而陈文豪和尼古拉斯·霍尔顿（Wenhao Chen & Nicholas M. Holden，2018）分析了"2020年粮食丰收"农业政策对爱尔兰牛奶生产总成本（包括财政成本和环境成本）的影响。尽管国内外学者对创新政策工具的选择进行了较为系统深入的研究（Pierluigi Siano，2014），还是少有文献从创新主体行为逻辑和特征的角度去探究创新主体激励政策的需求类别、需求内容、需求强度、需求时间和需求的优先次序，这其中聂颖（2013）从创新主体的需求角度来探求财税政策工具的作用机理及适用环境的研究是其中不多见的。此外，中国现有的政策工具无法有效激励创新主体的开放式创新实践，为此创新政策设计上一方面要引入开放式创新理念，丰富金融政策、税收政策等"奖励"式政策工具，另一方面还要进一步激发私有部门自下向上的创新动力（戴亦欣，2014）。在微观层面上，吴兴海（2016）借助于包含企业与员工的多期博弈模型的建构，解析了影响既有企业创新政策选择的相关因素。研究表明：机会转化为商业化发明的概率愈大、可商业化的发明带来的收益愈大，则既有企业越可能选择"鼓励员工创新"的相关政策。鉴于本课题的研究目的，主要拟就宏观或微观层面的创新主体激励政策开展分析。事实上，创新政策工具研究的主题较为分散，政策工具与政策主体、政策环境的适配性研究应成为未来研究的努力方向（黄曼，2016）。

（四）科技创新政策执行作用机制、效果及优化路径

政策工具是践行政府责任的客体，从一个较长的历史时期看，政府责任的具体类型依托于"政策价值—政策目标—政策工具"的路径发生迁移甚或是范式转移（黄俊辉，2015）。事实上，科技创新政策工具选择也遵循着一定路径依赖的分析框架，其中刘红波（2018）在"政策目标—政策工具"分析框架下探讨当前我国人工智能发展特征与政策议题的关注情况，王班班（2017）也表示由于外部性和路径依赖问题，有助于环境的技术创新活动往往缺乏市场激励，而环境政策可以对此类技术创新活动提供驱动力，并重点就"环境政策对技术创新来说为什么是一种必要的激励措施？""不同的环境政策是否产生了积极的技术创新效应？""何种政策工具对激励技术创新更为有效？"等议题开展了分析。在农业科技政策执行效果方面，技术评估在促进农业创新和帮助农业产业变得更有效率、更可持续和更为社会所接受方面具有相当大的潜力

（Frank M. Vanclay et al.，2013），但传统的评估方法在分析农业科技活动多样性时显得不足（Andrew P. Barnes，2001），如表现为定性评判较多（刘冬梅，2013），在定量研究层面上相关研究主要采用的是相应的农业经济指标来进行计量经济学评价，如周陈曦（2009）分析了农业政策相关变量对水稻生产的影响，并获得了农业税收对水稻总产的贡献率为负的结论，也有少数研究从政策测量的角度对农业科技创新政策本身开展量化评估（毛世平等，2019），此外基斯图·布鲁斯等（Kisitu Bruce et al.，2019）综合采用探索性研究设计，采用文献综述和半结构化访谈相结合的定性方法收集数据，进而对乌干达农业推广PPP的政策、法律和监管框架进行了行业诊断。在科技创新激励政策优化方面，余剑（2015）认为当前我国发展战略性新兴产业的政策措施存在"供给端有余""需求端不足"的不对称性，因此需在需求端加以重点关注，其中建设领先市场、提升用户体验、扶持用户创新、拓展需求开发能力、适应新型生产方式是从需求端出发的重要着力点，而金融政策响应也须围绕这些方面发挥功效。在推动产业集群的可持续发展上，公共政策选择的着力点就是要放在了如何规避和摆脱价值链低端锁定等状态上（陈佳贵，2005）。在军民融合实践过程，阎波（2018）研究认为我国科技军民融合政策历经了由"军民结合"向"深度融合"演变过程，然而尚未破除"非军即民"的思维定式和人为的技术鸿沟。因此，建议暂时搁置科技研发活动隶属"军"或"民"的身份之争，由政府部门支持面向国际前沿的基础研究项目与面向市场产品开发的"亦军亦民"研发项目。此外，苏长青（2011）认为知识的空间溢出是创新的重要特征，是高新技术产业空间聚集的深层原因，因此建立期权激励、知识产权保护、财政补偿等鼓励创新的机制，有利于鼓励创新和知识溢出，进而增强区域创新和竞争能力。

（五）研究述评

总体来说，可以发现当前有关于科技政策的研究是多角度和多方面的，其中在国内外创新政策制度环境与变迁、主体创新模式、创新政策选择、单项创新激励政策绩效等方面着墨较多，形成了一系列有益的观点结论，尤其在科技创新政策体制机制设计方面持续保持在前沿热点领域。但值得注意的是，聚焦到农业科技创新政策执行效果及执行机制优化的研究方面，还有较多的问题尚待继续研究：①系统挖掘农业科技政策的演进，明确创新政策特征、趋势及存在问题；②开展农业科技政策执行效果及执行机制优化的理论逻辑框架构建，如理论上进一步探索创新政策需求方的创新行为机制、创新需求方协同激励政策设计和作用机制（Minna Allarakhia et al.，2010）等问题；③此外，当前农业科技政策工具设计、选择和应用中各主体的利益协调机制、政策工具适配与有效性评价、政策工具组合与优化等也需要重点关注。从方法论来看，目前农业科技政策执行效果的研究或以典型政策案例的评价指标体系构建及定量分析为主，未来可以借助于大样本分析、数据挖掘等工具开展更多的实证分析。本研究重点关注于农业科技政策执行评价与执行机制优化的问题。

二、学术价值和应用价值

（1）学术价值：研究基于问题导向来剖析中国农业科技政策执行效果评估及执行机制优化的问题。研究借助于政策执行、激励理论、制度创新和产业发展等理论，创新性地将其运用于农业科技政策执行过程的特殊情境，构建了一个农业科技政策执行评估与执行机制优化的理论框架和体系，丰富了科技创新政策领域的理论研究，也拓展了相关理论的应用范围。

（2）应用价值：在国家创新体系建设背景下，农业科技创新模式也发生重大转变，然而既有的农业科技政策系统性、适配性和包容度等方面与创新主体的创新方式的需求上还存在较大差距，且在政策工具包的设计与选择上缺乏科学理据支撑。本课题对农业科技政策演进系统梳理，农业科技政策对现代农业发展的作用机理、执行效果与优化机制，可以为农业科技政策设计、选择、组合、作用、评判及优化提供理论上的论证和实践上的参考。

第二节 研究内容

一、研究对象

本项研究在大力推进乡村振兴战略实施的背景下，以农业科技政策为研究对象，分析其执行效果评估及执行机制优化的问题，这是一个具有时代性和话题性的研究领域。综合应用相关学科理论构建农业科技政策执行效果评估与执行机制优化理论逻辑分析框架；重点研究宏观维度上，我国农业科技政策执行及动态调整状况；分析典型国家农业科技政策执行主要特点和经验；基于相关研究结论，结合政策供需主体行为特征和模式选择给出优化农业科技政策执行机制的建议。

二、总体框架

本研究的总体框架和主要内容如图1-1所示。

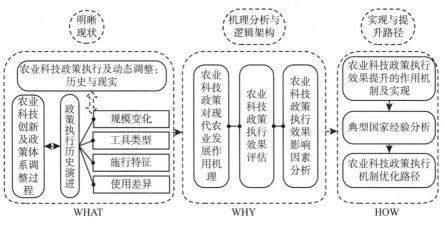

图1-1 研究内容和理论框架示意图

（一）农业科技政策执行效果评估与执行机制优化理论逻辑分析框架的构建

（1）借助文献计量手段系统梳理农业科技政策执行效果与执行机制等研究文献，厘清相关文献的演进脉络、合作特点、热点趋势等；

（2）利用政策执行、激励理论、制度创新、产业发展等理论，构建起农业科技政策执行效果评估和执行机制优化研究的理论逻辑框架，形成完整的研究闭环。

（二）农业科技政策执行的类型、调整及动态演进研究

（1）分析农业科技创新及政策体系调整过程，明确历史发展脉络，包括其体系建设内容、继承关系、目标及地位等；

（2）在明确农业科技创新及政策体系建设过程及地位的基础上，采用文本分析手段系统性探讨农业科技政策演进的过程及发展趋势。

（三）农业科技政策执行效果评估

借助于农业科技政策执行效果的理论分析框架，从"政策执行—行为激励—行为优化—产业发展"的传导机制出发，在宏观层面上，通过空间计量分析，从农业科技投入角度探讨农业科技政策执行情况的效果；此外，还将从农业科技政策传导的角度，分析政策知识传播绩效的问题。

（四）典型国家农业科技政策执行经验分析

计划以美国农业科技政策执行效果为案例开展分析，首先系统梳理该国农业科技创新及农业政策体系的演进脉络及特征，其次将以美国转基因技术政策执行为例分析该国农业科技政策执行效果，进而明确美国农业科技政策执行的经验。

（五）我国农业科技政策执行机制优化的策略分析

在明确农业科技政策执行机制作用机理分析基础上，系统梳理我国农业科技创新体系及政策体系执行的演进过程及概况，进而从"政策执行—行为激励—行为优化—产业发展"的传导机制出发，在宏微观层面上对典型农业科技政策的执行效果开展合理评估，此后还分析了典型国家农业科技政策执行的特点和经验，最后是在"机理分析—现状梳理—实证研究—案例解读"的基础上，有针对性地提出优化我国农业科技政策执行机制的策略。

三、重点难点

（一）研究重点

（1）农业科技政策执行的类型、调整及动态演进研究。从历史与现实的维度，应用文本分析和统计描述的方法，在对我国农业科技创新体系分阶段分析基础上，就农业科技政策执行类型、调整效果及研究脉络、特征开展系统梳理和分析。这是课题研究的基本面阐述。

（2）农业科技政策执行效果评估。这是本课题的另一个研究重点。在统一的分析框架下，课题将遵循从"政策执行—行为激励—行为优化—产业发展"的传导机制，从宏观和微观相结合的角度，对我国典型农业科技政策执行效果开展评估。

（二）研究难点

（1）农业科技政策执行效果及执行机制作用机理分析。农业科技政策执行效果的研究是一个具有时代性和话题性的领域，在学理上探讨和分析农业科技政策执行效果及执行机制作用机理时，需要先借助于文献计量方法明晰相关分析理论选择的边界，在不进行理论预设的前提下，拟先行考虑典型案例的纵横比较、交叉检验和逻辑验证，以期为理论判断提供先验理据。此后，将从农业科技政策执行作用机制的中介目标和最终目标出发，构建从"政策执行—行为激励—行为优化—产业发展"传导机制。这是本课题的研究理论逻辑起点。

（2）相关变量量化与测定。本书中多个变量需要进行量化测度，其中农业科技政策执行效果评估问题研究需要构建较为系统的分析指标体系，如何兼顾变量的可度量性与可比、可信性，是本课题研究的难点之一。

四、研究的主要目标

（1）使用文本分析、统计性描述等多种手段，从历史与现实维度系统梳理农业科技创新体系及政策的演进。

（2）将政策执行（组织）、激励理论、制度创新和产业发展等理论嵌入农业科技政策执行过程中，通过理论推演探求农业科技政策执行的作用机理。

（3）借助于农业科技政策执行作用机理和基础面分析，从投入角度开展农业科技政策执行效果的评估，并利用调研数据分析农业科技扶贫政策执行效果。

（4）通过系统的理论和实证分析，以及典型农业科技政策执行经验的案例解读，归纳凝练出农业科技政策执行机制优化的路径和策略。

第三节　思路方法

一、基本思路

研究以"农业科技政策"为研究对象，并严格遵循问题导向的研究逻辑，整体框架设计体现为"机理分析—明晰现状—成效评判—经验启示—机制优化"的研究脉络。首先，使用文献计量、理论推演和探索性案例等方式，明确了农业科技政策执行的作用机理，重点探究了农业科技政策执行作用于产业发展的传导路径及机制，这是研究理论逻辑起点。其次，通过系统梳理农业科技创新体系，尤其是农业科技政策执行的演进过程，从历史与现实维度上把握研究对象的边界；最后，在农业科技政策执行效果评估及典型国家农业科技政策执行经验分析的基础上，给出了优化农业科技政策执行机制的建议。具体研究技术路线见图1-2。

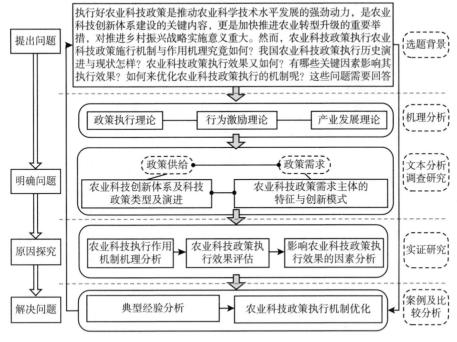

图 1 - 2 研究的技术路线

二、具体研究方法

（1）文献计量分析：采用中国知网 CNKI 数据库作为文献计量分析数据来源，按照课题研究主要内容构建主题词检索式，而后分别开展描述性统计分析、引文分析和共词分析。本研究中，描述性统计采取 Excel 开展分析，引文和共词分析采用 VOSviewer 软件。基于此，可系统呈现研究领域的宽度和深度，一定程度上发现研究的不足和未来趋势，此外亦可明晰已有理论的交叉之处，从而进一步丰富本研究理论分析框架和场景应用。

（2）案例分析：鉴于农业科技政策执行作用机制机理分析在探究中存在较大的模糊性和不确定性，在获取和筛选各类农业科技政策执行案例的基础上，围绕农业科技政策执行效果及执行机制优化的问题，进行文献及数据资料广泛研读和初步分析（如明确农业科技政策执行供需主体特征、模式等），并开展实地调查，找出农业科技政策执行背后隐匿的知识或理论体系，也就是透过现象看本质，这契合案例研究的特点，进而为后续农业科技政策执行效果评价和执行机制优化提供先验理据。

（3）文本分析和描述性统计分析方法：为全面梳理农业科技政策历史演进的脉络，将借助于文本分析的方法就我国农业科技政策进行系统分析，以明确农业科技政策执行效果的基本面，此外研究分析过程中还需对文本资料进行统计性描述分析。

（4）计量分析：为评判农业科技政策执行的效果，从宏观层面上将使用计量分析手段对典型农业科技政策执行效果开展评价研究，进而为规范分析提供现实依据和经验佐证。

三、研究计划及其可行性

（一）研究计划

本项目计划在 3 年内完成，任务安排主要集中在 2017～2019 年。具体的研究计划如表 1-2 所示。

表 1-2　　　　　　　　研究计划安排

阶段	2016 年	2017 年		2018 年		2019 年		研究内容
	7～12 月	1～6 月	7～12 月	1～6 月	7～12 月	1～6 月	7～12 月	
完善理论架构并开展机理分析阶段	√	√						对农业科技政策执行作用机制的机理开展分析和探索性案例研究
农业科技政策演进与特征分析阶段		√	√	√				通过文献资料收集整理和调研访谈数据，对农业科技创新体系及科技政策执行效果进行系统梳理

续表

阶段	2016 年	2017 年		2018 年		2019 年		研究内容
	7~12 月	1~6 月	7~12 月	1~6 月	7~12 月	1~6 月	7~12 月	
实证统计分析阶段				√	√			利用统计数据、调研数据，农业科技政策执行效果进行论证
典型经验与规范研究阶段						√	√	典型国家经验分析及农业科技政策执行机制优化路径规范性研究
修改完善和结题阶段							√	对前期研究成果进行归集、整理和修改，完成课题研究

（二）项目研究计划可行性

（1）研究设计方案科学可行：从解决实际问题出发，先通过文献计量、制度经济学推演等理论分析手段，明晰了农业科技政策执行作用机制的机理，接着系统梳理农业科技创新体系及科技政策类型及演进过程，亦明确农业科技政策政策类型、特征及模式。最后是对农业科技政策执行效果评估及机制优化路径的实证与规范研究。相关研究内容逻辑主线严密，呈层层推进态势，符合政策研究的一般范式。

（2）研究课题组有能力和精力完成课题研究：参与研究的成员均在高校工作或学习，团队有着良好的团结协作氛围，负责人及成员长期关注农业科技创新、协同创新、公共政策研究等问题，具有应用经济、管理科学与工程、信息管理、财务金融等互补的专业知识，团队成员大部分主持有相关选题的国家自然科学或教育部人文社科项目研究经历，撰写了多篇高质量学术论文，积累了丰富科技创新方面的文献资料和研究经验，并掌握文本分析、空间回归、MATLAB、VOSviewer 等分析软件。

（3）单位科研平台和氛围较好：负责人所在工作单位有着良好的科

研管理经验，单位图书馆购买了较为完备的中英文研究数据库和分析软件，可以便捷地开展文献资料的收集和分析。工作单位还为团队提供了独立的科研办公场所，配置了高性能研究用硬软件设施。此外，在相关课题开展中，课题组积极同国家信息中心、华中农业大学、湖北省农业科学院等开展跨单位、跨部门和跨学科协同，另外课题组同农业农村部门、科技部门等也有着长期的合作，这将便于研究中资料收集与相关调研的开展。

第四节　创 新 之 处

（1）在研究思路上，与以往单学科、单视角研究科技政策问题的文献不同，本项目综合应用了公共政策、激励理论、绩效评价、制度创新、图情等多学科领域知识，将农业科技政策演进、农业科技政策供需主体行为特征与农业科技政策执行作用机制的机理、农业科技政策执行机制优化路径进行有机结合。在分析框架与研究体系上，始终遵循问题导向，如明确认识到提升农业科技政策执行效果，要重点关注到农业科技政策执行的机制问题，还要考虑到农业科技政策在执行过程中存在的协同度不够、时滞较长、纠偏能力受限、对施策主体缺乏有效约束等问题，此外还不能忽视农业发展还面临"双重挤压"和资源环境的约束的现实背景，整个研究沿着"机理分析—明晰现状—成效评判—经验启示—机制优化"的逻辑主线，系统论证了国家创新体系建设目标下农业科技政策执行效果及其执行机制优化的问题，体现了研究思路与分析框架体系的创新性。

（2）研究方法运用上，本项采用了多种数理分析方法，一是在文献收集整理的基础上，为全面梳理项目研究所需相关文献，使用了 Excel、VOSviewer、Citespace 软件对相关文献进行了描述统计及引文、共词分析，进一步明晰了研究开展的理论内涵和联系；二是基于文本和描述统计分析，明晰了农业科技创新体系及科技政策类型及演进趋势，为准确把握农业科技政策执行作用机制的机理，应用了经济学理论推演手段，为了评判农业科技政策执行情况的效果运用的是空间回归、田野调查和数据包络分析等技术，这些方法均是在严谨的理论分析基础上开展的探索性分析，由此提出农业科技政策执行的优化路径才有的放矢。这些应用在一定程度上体现了研究方法的创新性。

第二章

农业科技政策执行效果评估与执行机制优化的机理分析

农业科技政策执行作用机制的机理分析是研究的理论逻辑起点，是后文农业科技政策执行效果评判和执行机制优化的理论基础，鉴于此本章内容基于问题导向，利用文献计量分析手段在对农业科技政策执行相关理论研究进行系统梳理前提下，还将借助于经济学理论逻辑推演明确农业科技政策执行的作用机制问题。

第一节　农业科技政策执行理论研究回顾与展望

一、现有研究的学术史梳理

当前对农业科技体制改革的要求越来越高，国内外都是如此，如拉伊纳（Rajeswari S. Raina, 2006）。同期，在学术界关于加大对农业科技创新支持力度，完善现代农业科技政策支持的讨论和研究较为深入，但有关于农业科技政策的执行效果的评估以及新时期农业科技政策执行机制优化的研究还较少见。现有研究主要集中在如下方面：（1）研究农业科技体制机制建设。众多学者从农业科技体制改革（翟虎渠，2003；郭海红，2019；陈小浒等，1999；陈安国，2005）、农业科技对现代农业发展的支撑能力（陈萌山，2014）、推进农业科技进步（马万杰，2010）、完善投入体制和机制（刘旭、王秀东，2007）、农业科技推广服务体制和运行机制创新（丁振京，2000；郭江平，2004；田闻笛，2016；高道才，2015）、国外农业科技体制框架和运行机制考察（万宝瑞，2007；翟琳，2015）；农业高新技术产业发展（杨同芝，2000；赵凯，2002）等方面进行了系统分析，对农业科技体制机制建设情况进行了分析。（2）研究农业科技投入政策问题。加大财政对农业科技的支持力度，既是我国农业发展的需要，也是政府完善公共财政支出的必然选择（商五一，2006），因此财政科技投入政策作为农业科技政策重要内容得到了较多学者的关注，当然也有部分学者关注到私营部门的农业科技投入问题，如张兵（2006）研究了欠发达地区农户农业科技投入的支付意愿及影响因素。从学者们的分析可知，农业科技投入的影响无疑是巨大的，如对农业经济发展（申红芳，2006）、农业科技创新绩效（张跃强，2015）、对粮食产量（杨剑波，2007）、对农民收入结构（邬德林，2015）、对城乡福利差距（俞培果，2006）、对劳动力非农转移（李平，2012）等方面的影响。当然，农业科技投入对农业经济增长有着积极作用，但片面强调量的增长是不够的，资源投入的优化配置具有更为重要的意义（吴林海，2013），申红芳（2008）就中国农业科研投资的不均衡现象进行了专题研究，黄季焜、胡瑞法（2000）还进行了农业科技投资体制与模式的国际比较分析。此外，部分学者还关注到了农业科技投入的中介效应（黄红光，2018）和农业科技投资的空间分异特征及影响因素（李兆亮，2016）。（3）研究农业科技政策执行方式及目标。农业科技政策的实施对实现农业现代化的作用是不言而喻的，具体到农业科技政策的执行形式上，学者们的研究中体现有宏观指导（王新华，2010）、支持与引导农业技术研发（龚雅婷，2018）、强化农业科人才队伍建设策略（赵泽洪，2014）等方式，并往往会以保证粮食安全为目标（徐秀丽，2003）。目前，农业科技政策执行过程，往往体现出由上至下的特点（沈宇丹，2011），且政策供给与政策需求的匹配等问题也需加强考核（李容容，2018）。（4）研究农业科技政策执行效果方面。目前关于科技政策执行效果评价的研究是各领域政策评价的热点，如城市群科技创新政策（阎东彬，2019）、节能减排科技政策（秦枫，2019）、文化科技政策（张国兴，2017）、人才开发政策（张同全，2017）、国际组织科技创新政策（闫华红，2018），但专注于农业科技政策执行效果评价的研究尚不多见，为数不多的研究主要集中于农业科技推广与服务、农业科技知识传播、国际农业科技合作等方面。其中，关于农业科技推广与服务效果评价的研究较集中。上述研究也综合使用了多种研究方法，包括计量经济学（毛世平，2019）、模糊评价与灰色评价方法（张平，2014；孙洪武，2012）、多分类 Logistic 模型（陈光燕，2015）。总体上看，国内关于农业科技政策问题的研究富有成效，但有关农业科技政策执行效果的系统性研究还比较缺乏，有关农业科技政策执行机制的深入分析较为单薄，尤其是农业科技政策执行作用机制的机理尚缺乏明确的论证。目前科学计量手段通过对大规模文献资料数据的可视化分析，可以追踪某领域的发展历程，从而判断、挖掘"前沿领域"，此外通过分析还有助于构建起农业科技政策执行的理论分析框架，并阐释农业科技政策执行各环节相互作用的机理。当前有关于科技政策，较多文献定性化研究描绘了科技政策演进的特征、作用及存在的问题，少量以政策文献计量分析、知识图谱等方式研究分析了科技政策演进，或基于政策工具—科技创新链的二维分析框架来探讨中国农业科技创新政策文本的演变规律。本章致力于解读农业科技政策执行作用机制的机理，下节内容将主要借助于文献计量学相关知识，系统应用 VOS-viewer 可视化分析和统计描述分析等手段，从文献刊出量变化趋势、关键词共现、期刊学科及机构分布特征、主要研究方向开展研究，较系统地把握我国农业科技政策相关研究进展和理论发展脉络，在此前提下，后文还将借助于经济学理论逻辑推演和探索性案例分析手段进一步明确农业科技政策执行的作用机制问题。

二、我国农业科技政策研究文献计量分析

鉴于博硕论文总体上研究的系统性和体系性较强，且较大程度上能够反映农业科技政策研究的最新演进趋势和前沿领域，因此在开展我国农业科技政策的文献计量分析之前，在知网博硕士学位论文数据库中，以检索条件：主题＝农业科技政策或者题名＝农业科技政策（模糊匹配）检索出92篇相关论文，其中硕士论文63篇，博士论文29篇。总体来看，上述92篇论文，总参考数为6 061条次，篇均参考数为65.88条次，总被引834次，篇均被引数9.07次，总下载数95 189次，篇均下载数1 034.66次，下载被引比为114.14，详见表2－1。

表2－1　　　　农业科技政策主题检索结果指标分析

文献数	总参考数	总被引数	总下载数	篇均参考数	篇均被引数	篇均下载数	下载被引比
92	6 061	834	95 189	65.88	9.07	1 034.66	114.14

按照学科划分，上述92篇硕士和博士学位论文依次分属于农业经济管理（20）、行政管理（14）、科学技术哲学（7）、产业经济学（5）、世界经济（4）、中共党史（3）、马克思主义理论与思想政治教育（3）、作物栽培与耕作学（3）、政治经济学（2）、国际贸易学（2）、公共管理（2）、财政学（2）、国民经济学（2）、中国近代史（2）、科学技术史（2）、社会保障（1）、生态学（1）、植物病理学（1）、金融学（1）、区域经济学（1）、林业经济管理（1）、专门史（1）、经济法学（1）、土壤学（1）、农林经济管理（1）和教育技术学（1）。

按照主题词划分，劳动者、农业科技政策、财政金融、农业政策、现代农业、经济政策、现代农业发展、中国、农产品、政策研究、农业科技、农业科技成果转化、农业科技创新、财政管理出现频次较高。按

照关键词划分，农业生产、农业政策、农业科技、农产品价格、农业发展、农业基础设施、农业技术推广、农业比较效益、农业科技成果、科技政策、农业、粮食安全、影响因素、农业持续发展、农业支持政策、推广人员、中央一号文件、政策研究、农业科技进步、科技推广、农业技术创新、农业环境、农业推广等出现频次较高。根据图 2-1 检索结果关键词共现矩阵可知，"农业政策"与"农业生产""农业科技"与"农业生产""农产品价格"与"农业政策"共现频次分别为 14、14 和 10 次，表明在理论研究层面上述关键词联系较为紧密，此外"农业科技"与"农业政策""农业政策"与"农业发展"关键词共现频次也较高，分别有 8 次和 7 次。关键词 2015～2018 年度交叉分析结果见表 2-2。

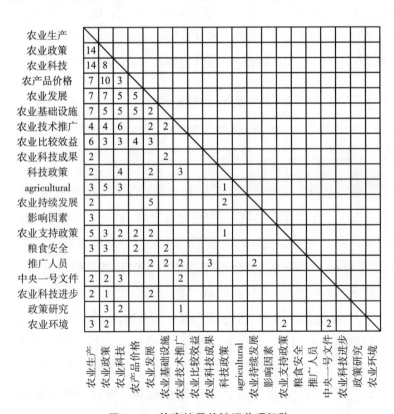

图 2-1　检索结果关键词共现矩阵

资料来源：根据 CNKI 数据库检索文献统计分析得到。

表 2-2　　　　　　　　　检索结果关键词年度交叉分析

年份	农业科技	影响因素	农业生产	居民人均收入	补贴政策	空巢家庭	中央一号文件	现代农业政策	农业技术推广	农业环境	科技政策	农业政策	科技推广	绩效评价	农业科技成果	粮食供需
2015		2	2											2	2	1
2016	4		3								4	2	2			
2017	2						3	2	2	2						
2018	1	1		1	1	1										
2019																

资料来源：根据 CNKI 数据库检索文献统计分析得到。

从学位论文出版时间来看，2002 年 1 篇，2004 年 6 篇，2005 年 6 篇，2006 年 8 篇，2007 年 7 篇，此后总体保持稳定，个别年份波动明显，其中 2010 年和 2016 年都达到了 10 篇，但 2011 年和 2018 年则均只有 2 篇。

从学位授予单位来看，发文靠前的单位依次为南京农业大学 5 篇，湖南农业大学、中国农业科学院、西北农林科技大学均为 4 篇，山东农业大学、河北农业大学、吉林大学和兰州大学均为 3 篇，东北大学、陕西师范大学、江西农业大学、华中农业大学、福建农林大学、河南大学、暨南大学、东北财经大学、安徽农业大学均为 2 篇，此外武汉大学、华中师范大学、东北师范大学等 13 所高校均为 1 篇。相关博硕学位论文标注有基金资助的比例较低，仅 4 篇论文明确标注由黑龙江社会科学基金、国家自然科学基金、国家 973 计划项目的资助，这可能与学位论文标注习惯有关。此外，92 篇硕博论文的关键词共现网络显示（取共现频次≥2），很显然"农业政策"概念本身处于决定性地位，整个网络呈现出"星型网络"的特征，见图 2-2。从关键词共现热点图 2-3 上看，已有的研究围绕着"农业政策""现代农业""农业""政策""农业科技"等的核心概念实现了研究领域本身的成长。

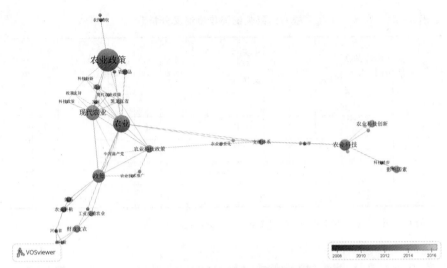

图 2-2　农业科技政策关键词共现网络可视化

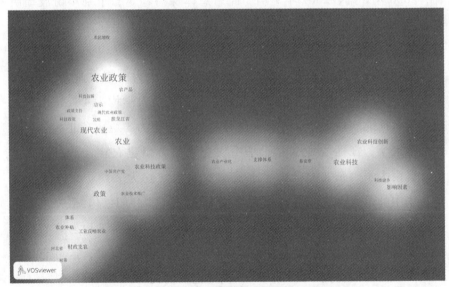

图 2-3　农业科技政策关键词共现热点可视化

　　而后主要就以"农业科技政策"在核心期刊文献中全文精确匹配检索结果为研究对象，与此同时经数据清洗（剔除会议信息、投稿指南、要闻、短讯、单位简介、书评等非论文文献）和查重处理，共得到437

篇相关核心论文，进而采用文献计量的手段，对其总体趋势、关键词共现网络、研究层次、作者分布、机构分布、基金分布、学科分布、文献来源分布进行分析，研究文献检索时间为 2019 年 9 月 17 日。

（一）核心文献刊出量总体上在波动中快速增长

我国"农业科技政策"的相关研究自 1992 年刊发直到 2009 年度论文刊出量超过个位数共计 18 年，此后刊文数量虽存在波动，但总体呈增长态势，2013 年达到 23 篇次，表明相关研究受学者重视度实现较大程度增长。在我国由于历史的原因，综合相关学者的研究（刘冬梅，2013；张朝华，2013；董江爱，2016；王汉林，2011），大致可将改革开放以来的农业科技政策分为以下几个阶段：起步及调整阶段（1978～1989 年）、改革创新时期（1990～2003 年）和全面完善阶段（2004 年至今），通过"农业科技政策"相关研究的历年发文量趋势（见图 2－4），可发现学者们的研究大致响应了农业科技政策发展的几个阶段。

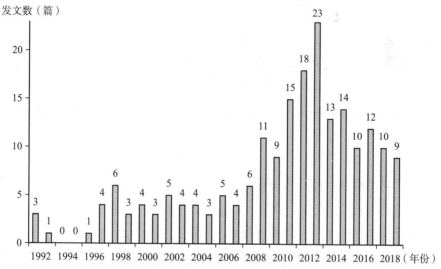

图 2－4　"农业科技政策"相关研究的历年发文量

资料来源：根据 CNKI 数据库检索文献统计分析而得。

（二）围绕"学术共同体"形成关键词共现"星型"网络

文中对检索文献中出现的"农业科技政策"研究的相关关键词进行数据处理时使用的是 Excel 软件，第一步先对数据进行排序，接着按照关键词出现的频数选取频数阈值是 6，进而得到了高频关键词共计 33 个，详见表 2 – 3，表 2 – 3 中的这些高频关键词最后累计出现了 361 次，基本上囊括了 1992 年至今国内学者关于"农业科技政策"的主要研究内容，如此处理后得到的高频关键词在词频和词义上有着较大差异，能有效保证关键词共现分析的有效性。

表 2 – 3 "农业科技政策"相关期刊文献中出现频次最高的关键词

关键词名称	农业	农业科技	农业科技政策	农业发展	农村	农产品	现代农业	影响因素	农户	农业科技投入	对策
出现频次	75	30	19	16	14	13	12	10	9	9	9
关键词名称	农业科技创新	农民	中华人民共和国	农业可持续发展	农业科技成果	财政管理	劳动者	农业技术	创新	科技政策	可持续发展
出现频次	9	8	8	8	8	7	7	7	7	7	7
关键词名称	粮食安全	农业政策	投资	制度创新	需求	科技创新	农技推广	启示	科技进步	政策建议	政府
出现频次	7	7	6	6	6	6	6	6	6	6	6

此外，"农业科技政策"相关研究期刊论文的高频关键词共现网络显示（共现次数和中心点，阈值选择 3），见图 2 – 5，该关键词网络图谱围绕"三农"（农业、农村、农民）形成关键的一些节点，且每个节点间有着关联的连线，进而通过节点连线疏密及其数值大小，可知"农业科技政策"研究的关键词网络呈现出相对集中和分散的特特征，"农业科技""农业科技政策""农业发展""农产品""现代农业"等关键词处于整个共现网络相对凸出位置，总体来看该网络以"农业"为中心

显现为"星型"架构，已有相关论文围绕着农业科技政策相关主题实现了研究方向的快速拓展。此外，通过重叠可视化网络分析情况可知，农业科技创新、现代农业、家庭农场、粮食安全等主题是目前农业科技政策研究中学者关注较多的领域。

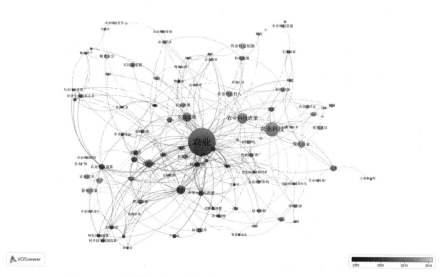

图 2 - 5 "学术共同体"的相关研究高频关键词共现网络

（三）期刊分布分析

对"农业科技政策"研究的相关论文主要分布在农业科技、科技管理、农业综合及图情类等期刊上。如表 2 - 4 所示，列出了刊载"农业科技政策"研究文献数量在 3 篇以上的期刊名称。上述 30 种期刊累计刊发论文 242 篇次，占到检索相关主题论文总数的 55.38%，如刊载相关论文数量位居前 10 位的期刊依次是《农业经济问题》《农业技术经济》《科技进步与对策》《安徽农业科学》《科技管理研究》《农业经济》《世界农业》《科学管理研究》《农业现代化研究》《中国科技论坛》等期刊。此外，通过知网检索的"农业科技政策"有关文献中，有356 篇刊发在核心期刊上，171 篇次刊发在中国社会科学引文索引（CSSCI）中，有 2 篇次刊发在 EI 期刊《农业工程学报》上。

表2-4　　　知网中"农业科技政策"研究部分核心期刊分布情况

期刊名称	论文数量（篇次）	期刊名称	论文数量（篇次）
农业经济问题	21	中国农学通报	5
农业技术经济	18	农业科技管理	5
科技进步与对策	16	中国农村经济	5
科技管理研究	16	农业系统科学与综合研究	4
农业经济	16	情报杂志	3
世界农业	13	中国农业科学	3
科学管理研究	12	农机化研究	3
农业现代化研究	12	经济纵横	3
中国科技论坛	10	农业考古	3
农村经济	10	经济问题	3
广东农业科学	10	中国农业资源与区划	3
中国软科学	7	经济体制改革	3
湖北农业科学	6	乡镇经济	3
中国农业科技导报	6	科技与经济	3

（四）研究层次与学科分布

从检索论文研究层次来看，图2-6所示，总体以社科类的基础研究、社科类政策研究和社科类行业指导为主，其中包括295篇论文属于基础研究（社科）、70篇论文属于政策研究（社科）、36篇属于行业指导（社科），上述3个研究层次合计占到检索论文总篇数的89.52%，此外基础与应用基础研究（自科）、政策研究（自科）、行业技术指导（自科）刊载论文篇次依序为24篇、10篇和6篇，职业指导（社科）、高等教育、工程技术（自科）累计仅刊载了7篇次。

从研究学科分布来看，见图2-7，除去农业经济、数量经济、科学学与科技管理领域上对该内容研究涉足较多外，还有新闻传播、国民经济、图书情报档案、财政、公共管理、理论经济学等，但总的来说以"农业科技政策"为的主题研究是农业经济学重要研究领域，合计有331篇相关论文归属于该学科门类，占检索文献总数的73.56%。

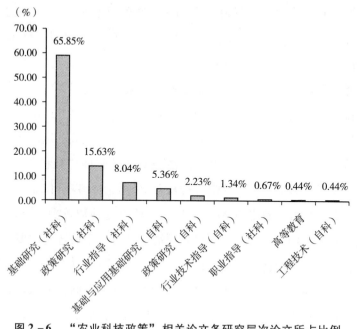

图2-6　"农业科技政策"相关论文各研究层次论文所占比例

资料来源：根据 CNKI 数据库检索文献统计分析得到。

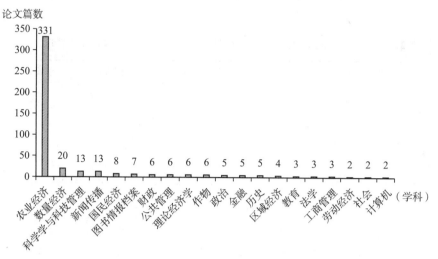

图2-7　"农业科技政策"相关论文学科分布情况

资料来源：根据 CNKI 数据库检索文献统计分析得到。

此外，有国家自然科学基金委和全国哲学社会科学工作办公室每年定期发布国家自然科学基金和国家社会科学基金的申报指南和立项名单，目前这两项国家级课题在相应学科引领方面具有权威性，最终获批的项目也能一定程度上代表当前"农业科技政策"相关研究的前沿面，通过两大项目库的系统检索，以"农业科技政策"为项目名并匹配主题词和摘要，经过再次筛选，得到"农业科技政策"相关度较高的国家自然科学基金（简称"自科"）项目和国家社会科学基金（简称"社科"）项目的立项资助情况（见表 2-5），其中自科基金 19 项、社科项目 16 项。通过对比分析，直观上可以看出 2000 年前后相关研究立项数较少，至 2008 年以后相关研究逐步增多。从自科项目立项情况来看，相关选题主要围绕科技管理与政策、农林经济管理、人口资源环境经济与劳动经济、宏观管理与政策展开，上述立项项目属于管理学和经济学的大范畴，而从社科项目立项情况来看，相关选题则侧重于管理学、应用经济、历史学、政治学、统计学，偶见图书馆、情报与文献学相关范畴的研究，总体来看"农业科技政策"相关研究在自科和社科基金项目中体现出了较强的学科差异性。

表 2-5　　　历年国家社科和国家自科"农业科技政策"选题立项情况

项目名称	主持人	所在单位	获批年份	领域
我国科技政策分析的数据与方法研究	章刚勇	南昌大学	2014	统计学
我国科技政策资源优化配置研究	杜宝贵	东北大学	2013	政治学
科技政策视角下科学评价指标与方法研究	宋丽萍	天津师范大学管理学院	2012	图书馆、情报与文献学
科学共同体、公民参与和中国科技政策的制定	刘立	清华大学科学技术与社会研究中心	2008	哲学
全球治理环境下的中国公共科技政策研究	苏竣	清华大学公共管理学院	2003	政治学
中华人民共和国科技政策史	王鸿生	中国人民大学	1993	中国历史

续表

项目名称	主持人	所在单位	获批年份	领域
英美科技人才发展及其政策比较研究	张瑾	中国社科院	2017	世界历史
我国军民融合驱动新兴产业发展的长效机制与政策	彭中文	湘潭大学	2017	应用经济
新时代促进我国科技创新的财政政策体系优化研究	李天健	西北师范大学	2018	应用经济
科技创新驱动产业升级：内部机制与金融支持政策	谢朝华	长沙理工大学	2015	应用经济
中国区域技术创新碳减排效应及优化政策研究	孙建	重庆工商大学	2013	应用经济
促进生物质利用及技术创新的政策激励机制研究	钱艳俊	西北工业大学	2016	管理学
需求不确定下企业绿色技术创新激励与政策效应研究	申成霖	天津工业大学	2016	管理学
政府科技投入对企业技术创新的政策效应研究	孔凡萍	山东大学	2015	管理学
金砖国家技术创新政策比较研究	李凡	北京第二外国语学院	2012	管理学
高校—企业协同创新机理及政策激励体系构建研究	马家喜	温州大学	2015	管理学
农业科技企业技术创新与持续发展研究	高启杰	中国农业大学	2004	农林经济管理
空巢农户的农业科技吸纳行为与政府扶持机制研究：以江西为例	聂志平	江西农业大学	2012	宏观管理与政策
我国现有"三农"政策执行情况评估	王欧	农业部农村经济研究中心	2013	经济科学
农业增长方式转变中的技术发展方向与科技政策调整研究	曾福生	湖南农业大学	1999	农林经济管理

续表

项目名称	主持人	所在单位	获批年份	领域
农业科技企业的技术创新与绩效：基于 R&D 和营销能力的实证研究	姚琼	暨南大学	2008	农林经济管理
国外科技政策系列研究暨"国外科技政策译丛"出版	刘细文	中国科学院文献情报中心	20082012	专项基金项目
十年决策——主要国家（地区）宏观科技政策研究	胡智慧	中国科学院文献情报中心	2012	Z01
关于科技政策学的方法论研究	方新	中国科学院大学	2014	科技管理与政策
欧盟新能源战略中的科技政策体系研究	于淼	中国政法大学	2014	Z01
台湾地区科技政策及学科发展态势分析	陈振明	厦门大学	2017	Z01
转型期促进我国科技与经济结合的财政科技投入政策研究	徐晓阳	中国科学院科技政策与管理科学研究所	2012	科技管理与政策
知识流动视角下高技术产业创新体系国际化理论与政策研究	潘洪	湖南大学	2011	科技管理与政策
困境与突破：防范高新技术企业创新风险的科技保险政策体系研究	吕文栋	对外经贸大学	2009	人口资源环境经济与劳动经济
基于创新型国家建设视角的经济、科技、创新政策协同机制研究	汪涛	北京理工大学	2010	科技管理与政策
基于工具—过程框架的自主创新的政策体系研究	苏竣	清华大学	2009	人口资源环境经济与劳动经济
中国技术创新政策演变、测量与绩效：基于政策工具的研究	程华	浙江理工大学	2009	科技管理与政策

项目名称	主持人	所在单位	获批年份	领域
科学基金资助对国家自然科学奖励成果的政策效应研究	刘兴太	中国人民武装警察部队后勤学院	2011	Z01
军民融合战略下的军民两用科技研发管理模式与政策研究	章磊	中国人民解放军空军工程大学	2015	应急项目
我国自主创新政策的供给演进、绩效测量与优化方案研究	江蕾	上海财经大学	2011	公共管理

（五）作者及机构来源分布

从"农业科技政策"研究文献的发文机构来源看，见图2－8，主要以高校或科研机构为主，其中中国农业科学院（其中已含该院农经所、农业资源与农业区划研究所、农业信息所）、中国农业大学、华中农业大学、华南农业大学、南京农业大学、东北农业大学和沈阳农业大学等机构论文刊发量都达到了8篇及以上，刊文数量前30的单位累计发文达到210篇次，占到全部检索论文数量的48.05%；同时，从图2－9还发现"农业科技政策"研究文献的发文作者分布较为分散，发文数量前30的作者累计发文量仅有78篇，其中发文量较多的作者分别是华中农业大学罗小锋6篇、中国农业大学左停4篇、沈阳农业大学翟印礼4篇和中国农业大学李小云4篇，华中农业大学张俊飚、中国农科院毛世平、西北大学李同昇、扬州大学李金诚等作者均为3篇；另外需要说明的是，检索到的"农业科技政策"相关研究文献中有130篇次受到了各类财政资金项目的支持，主要包括国家自然科学基金（35篇）、国家社会科学基金（32篇）、国家软科学研究计划（8篇）、广东省软软科学研究计划（6篇）、湖北软科学研究计划（4篇）和中国博士后科学基金项目（4篇）等，但相对437篇次的发文量来讲，但论文总体受资助率仅为29.75%，还有较大提升空间。

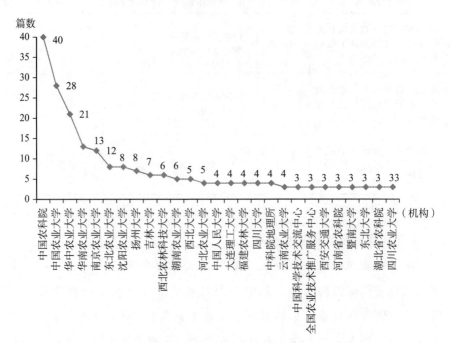

图2-8 发文机构分布情况

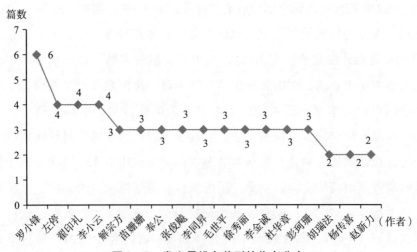

图2-9 发文量排名前列的作者分布

（六）基于关键词共现的农业科技政策领域研究热点分析

关键词共现图谱的分析可以较明确得到农业科技政策领域研究的热点及演化趋势，437 篇发表的农业科技政策领域核心论文有 1 299 个关键词，选择最少出现次数"7"，共有 24 个关键词达到分析要求，进而使用 VOSviewer 模块聚类算法对 24 个关键词进行共现分析，形成该领域关键词共现聚类密度可视化知识图谱，见图 2 - 10，通过文献的文本分析和整理，目前国内学者关于农业科技政策的研究主要向以下方面聚焦，并形成一定研究基础。研究热点一：围绕农业农村发展的农业科技创新与财政支持问题。研究热点二：围绕农业可持续发展和传统粮食安全的科技政策支持问题，如周博（2015）验证了可持续发展的粮食安全，即在一定条件下通过政策及科技因素的推动，能够满足人类对粮食的多样化需求，并保持着高效、协调、可持续利用资源环境的一种粮食供求平衡能力。研究热点三：围绕农业科技促进现代农业发展及其政策支持问题，其中在新形势下，必须依靠科技创新驱动，深化体制机制创新，推进科技与农业结合，促进现代农业发展（陈萌山，2014）。研究热点四：围绕农业科技创新投入及其政策问题，包括科技投入与农民收入关系的验证（邬德林，2015）、科技投入对农产品价格关系的实证（付莲莲，2013）及农业科研投资结构、投入分布的动态演变规律及影响因素探讨（李兆亮，2016；李兆亮，2017）。研究热点五：围绕农业生产具体的技术创新及其影响因素研究，这块内容主要聚集在微观和中观领域上的研究，如农业产业技术创新联盟（罗雪英，2014）、农业科技企业（李萍，2016）、农户（曾杨梅，2017）；也有研究关注于宏观农业技术创新路径的分析（曹博，2017）和发达国家现代农业技术创新激励制度的研究（沈宇丹，2011）。研究热点六：农产品竞争力（杨天和，2005）、农民收入（张震，2015）等问题。

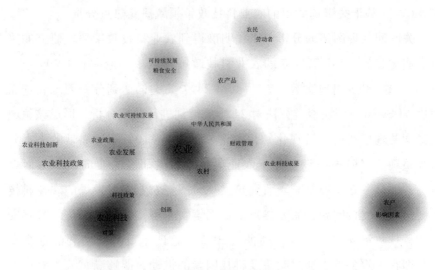

图 2 - 10 关键词共现聚类密度可视化知识图谱

此外在"一带一路"与农业科技走出去、国外农业科技政策、农业技术推广、科技成果转化产业化与市场经济发展、科技进步、技术需求与制度创新等方面也受到了学者们的关注。

第二节 农业科技政策执行作用机理
分析框架的理论推演

本节在农业科技政策研究学术史梳理和文献计量分析的前提下，对当前该领域的研究有了一定系统把握，尤其是明确了农业科技政策研究关键领域及演进状况，这对开展农业科技政策执行作用机理分析框架的理论推演有着重要支撑。关于该领域研究的理论分析框架的构建，就是要解决农业科技政策执行效果评估方法选取和指标体系设计的理论上的缘由，进而还在于理论上要明确影响农业科技政策执行机制发挥作用的关键因素和环节有哪些。执行机制优化的有效路径如何来设计。

一、分析框架构建理论基础

（1）政策执行理论：政策执行即贯彻、落实政策目标的活动与过程。政策执行理论经历了自上而下、自下而上、综合路径三种研究阶段或范式的演进（陈丽君，2016；金东日，2017）。在政策执行理论研究方面，学者们往往持有不同的视角，如组织视角、网络视角、制度分析视角等，其中，政策执行的主体——政府官员的研究一直是一个重点领域，包括影响力较大的"政策执行组织模型"理论和"街道层官僚"理论。中国政策执行理论，目前已大致形成了"政治动员模型""博弈模型"等理论模式（寇浩宁，2014），而且基于政策客体或对象或受众的研究愈发得到重视（邓顺平，2015；李明，2016）。本书在研究中更多地将农业科技政策执行的过程作为一种科研组织活动，研究该组织活动的信息传导机制、效果评价、反馈及调整优化机理。

（2）政策激励理论：激励理论，即研究如何调动人的积极性的理论，政策激励理论就是借助于一定的政策工具组合和传播媒介相互作用构成的政策环境下，政策主体与政策客体通过有效的传递、交流和共享政策信息的互动过程，激发人的正确行为动机，调动人的积极性和创造性，进而达成政策设定目标。当前农业科技政策的类型有农业科技研发财政补贴、农业创新引导扶持基金、税收优惠、金融支持、农业科技成果转化和知识产权保护、农业科普教育等，借助上述政策工具，农业科技政策的激励作用机理表现为：通过政策信息在政府部门、农业生产部门、农业服务部门和农业从业者之间的传播和导向，实现农业发展有效性和可持续性。农业科技政策的基本目的在于激发农业发展活力，促使农业产业部门相关参与者理解政策意图，并内化为自觉行为，进而有助于政策的执行。因此，农业科技政策目标的传导机制设计是影响政策激励效果的关键因素，这在后续农业科技政策执行机制优化上要重点考虑。

（3）制度创新理论：该理论是制度经济学与创新理论两个学术流派的融合，其概念及内容的完整表述是由达维斯和诺思（Lance E. Davis & Douglass C. North，1971）提出，制度创新指的是能使创新者获得追加或额外利益的、对现存制度（科技、金融、企业、劳动就业、财税、教育、医疗卫生、生产管理等制度）的变革。促成制度创新的因素往往有：市场规模的变化；生产技术的发展；一定社会集团或个人对自己预期收入的改变。具体到农业科技政策的执行过程，包括政策本身、政策主体和政策客体都面临着制度创新的可能，如农业科技政策动态适时的动态调整、政策执行机制的流程优化以及政策客体（农业生产组织）自发性的技术创新行为变化等，这些会带来一定的积极效果。本书在系统梳理农业科技创新机制和科技政策的演变过程，政策执行中的机制优化设计和政策执行对政策客体行为影响等问题方面均要涉及制度创新理论的使用。

（4）产业发展理论：农业科技政策的执行往往有着明确的政策目标，包括推动技术进步与产业发展、减少涉农企业资金压力和税负、提高农业部门从业人员收入和效益；保障农民就业水平；保护农业知识产权等，因此其执行效果也表现为多方面，但产业发展的成效问题往往是关键所在和核心目标。产业发展理论最初属于发展经济学的范畴，并主要关注于宏观层面经济社会中产业体系的发展变化及其影响、中观层面产业体系内部关系与机理分析和微观层面个别产业发展的规律性探索（芮明杰，2017）。本书在进行农业科技政策执行效果评价时，将依托宏观统计数据重点分析农业科技投入政策执行对产业发展带来的效果，以此作为农业科技政策执行效果评估的重要方面。

二、分析框架推演过程

本节借助于政策执行、激励、制度创新和产业发展的理论，开展农业科技政策执行作用机制机理的分析及理论框架的推演。比较显见的事实在于，农业科技政策的执行过程并不能直接作用于农业经济增长，而是借助于农业研发及成果推广财税补助、科技金融扶持、农业技术引导资金、农业技术人才培育、农业知识产权保护和农业科普等具体政策工具执行，在有效的传播媒介帮助下，促使农业产业部门相关参与者理解政策意图，通过调动农业组织和从业人员的积极性和创造性，促进了资源优化配置、生产组织方式转变和农业技术进步，进而实现了农业产业发展。农业科技政策执行的作用机制总体上通过"政策实施—政策激励—行为优化—产出变化"路径来实现，见图 2 – 11，具体实现形式有：

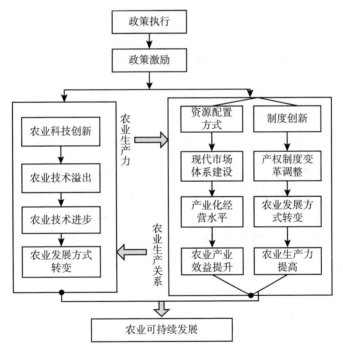

图 2 – 11　农业科技政策工具执行路径和作用机理

第一类作用路径为农业科技政策执行机制发挥作用的较直接的路径，往往影响着农业生产力发展方式的转变，表现为"政策实施→政策激励→农业科技创新→技术溢出效应→农业技术进步→农业增长方式转变→农业经济增长"。受益于农业科技政策具体措施的执行，激发了农业组织和从业人员参与农业科技创新的热情，通过创新驱动实现从业人员产品开发、生产、管理、营销等技术水平的提升，带动农业发展方式转型升级，最后达成农业经济可持续增长的科技政策目标。

第二类作用路径为农业科技政策执行机制发挥作用的常规路径，一般影响着农业的生产关系的调整，因此作用过程相对较慢，表现为"政策实施→政策激励→资源配置方式→现代市场体系建设→产业化经营水平→农业产业效益提高"。实际政策执行过程中，通过财政补助、农业技术应用与成果转化引导资金、农业科技示范基地设置等政策工具的实施，能够推动农业科技人力、物力、财力资源在时空上配置的进一步优化，搭建起集农业科技商品市场、要素市场、物流等服务性市场在内的现代市场体系，较大程度上提高农业生产经营水平，进而带来农业产业发展绩效的提升。

第三类作用路径也是农业科技政策执行机制发挥作用的常规路径，一般也影响到生产关系的调整，但鉴于相关产权制度建立较晚，其作用发挥的有效前提依赖于产权制度建立的完备与否。具体表现为"政策实施→政策激励→产权制度变革调整（制度创新）→农业发展方式转变→农业（生产力）发展"。以农业科技政策中的知识产权保护政策执行过程为例，在较为完善的知识产权保护体系下，通过执行农业科研成果产权制度等科技政策的，有助于加强农业领域知识产权创造与应用，形成创新驱动农业高质量发展的良好氛围，进而实现农业发展方式转变和农业生产力发展。

第三节　本章小结

本章基于农业科技政策执行理论研究回顾展望、执行作用机理分析框架的理论推演及历史资料的验证，希望为研究的开展搭建一个整体的理论分析框架，尤其是重点关注农业科技政策执行的理论机理及作用路径，以在一定程度上支持农业科技政策执行效果分析，包括评价方法和指标的选择，支撑农业科技政策执行机制的优化，具体包括农业科技政策执行机制现状如何；对政策执行和落实效果有什么影响；新时期农业发展对农业科技政策执行机制有哪些新要求；如何通过优化政策执行机制，提升政策执行效率。

第三章

中国农业科技政策执行演进及
动态调整：历史与现实

　　农业、农村现代化的根本出路在于农业科技创新发展，而农业科技发展需要依赖于农业科技创新体系的建立健全。作为我国农业科技体制改革和科技创新体系建设的重要组成部分，农业科技政策具有党和国家高度重视、注重面向农业经济主战场、始终坚持国家粮食安全和农业可持续发展等特征。本章一方面就中国农业科技政策的历史阶段划分及特征进行阐述，在此基础上，另一方面将借助于文本分析的方法对农业科技政策的演进过程进行梳理，以期为后文农业科技政策执行效果评判和执行机制优化提供参考借鉴。需要说明的是，鉴于我国农业科技创新及政策体系的恢复和完善过程主要发生在改革开放以后，因此后文梳理及分析的农业科技政策内容将以改革开放为起始年。

第一节　中国农业科技政策发展
历史阶段划分及特征

　　随着城镇化进程的加快，一方面出现耕地供给持续减少，另一方面却因劳动力短缺不断出现撂荒的现象，这一对矛盾问题将给我国农业产业发展，尤其是国家粮食安全带来前所未有的挑战。如何在经济增速放缓、农业面临"双重挤压"和资源环境约束趋紧的背景下创新发展农业科技政策支持体系，继续强化农业基础地位、促进农业增产和农民持续增收，是必须破解的重大课题。新中国成立至今，一系列农业科技政策的颁布执行发挥了重要影响，对其发展进行梳理确有必要。一般而言，从一个较长的历史时期来看，事物演变都遵循着发展客观发展规律。明晰事物的发展过程，一方面有利于全面知晓事物发展历史，另一方面则有助于系统归纳和总结其发展的规律属性，进而能够对事物的未来走向和趋势加以合理判断。综合而言，改革开放以来随着我国农业科技政策不断执行和完善，已逐步构建起了适用于农业发展需要的政策服务体系。然而，当前农业科技政策体系，无论是政策文本本身还是执行机制设计和实施过程上尚存在不成熟方面，因而需要审视和分析其历史演进轨迹，以对其目前的执行效果加深了解。因此系统梳理我国农业科技政策的历史变迁过程，有利于明确农业科技政策执行的背景，有利于认识农业科技政策执行规律以及同其他农业政策的共性方面及不同之处。

一、新中国成立以来我国农业科技政策阶段划分

任何农业科技政策工具的执行都是在农业科技管理制度下公共政策服务农业发展的有益尝试，以 1985 年 3 月中共中央《关于科学技术体制改革的决定》的正式公布和 2016 年 1 月中共中央国务院《关于实施科技规划纲要，增强自主创新能力的决定》中创新型国家战略的提出为标志，并结合不同阶段农业科技政策所表现出的特征，大致可以将新中国成立以来我国农业科技政策变迁过程分为以下几个时期：即 1985 年以前以国家计划体制为导向的农业科技政策制度变迁阶段、1985～2005 年以社会主义市场经济体制为导向的农业科技政策制度变迁阶段和 2006 年以来以推进创新型国家战略为导向的新一轮制度演进阶段。见图 3-1。

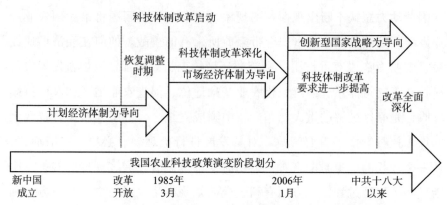

图 3 - 1   新中国成立以来我国农业科技政策的发展历程及阶段划分

（一）计划经济体制为主要导向的发展时期（1949 年～科技体制改革开始）

从新中国成立到 1985 年这一段时期，在中国社会特定的政治背景和经济环境下，总体而言，我国的农业科技体制构建过程表现为科研机构行政依附性较强，信息不对称、资源分散、条块分割、各自为政，以及协作程度低等特征，在国家计划体制下我国的农业科研体制变迁过程大致上包括 3 个阶段（见表 3 - 1）。

表 3 - 1   计划经济体制为导向时期农业科技事业标志性事件

主要时间段	关键的农业科技发展策略
1952 年	由国家全额拨款支持科研，相继设置东北、华北、华东、华中、华南、西南和西北 7 个大区农业科学研究所，这其中华北农业科学研究所直接由中央农业部领导
1955 年	成立了由农业部领导的农业科研协调委员会；其中，协助筹建中国农业科学院是其任务之一；日常办事机构设置在"农业部、中国农业科学院筹备小组"
1954～1957 年	筹备并于 1957 年 3 月成立中国农业科学院，且 7 个大区的农科所划归其领导，标志着中国农业科研机构的相对集中统一

续表

主要时间段	关键的农业科技发展策略
1958 年	7 个大区农科所下放至所在省建制或由其直接领导
1960~1961 年	中国农科院由 1/3 的所机构被撤销或下放，职工精减 2/3 以上（到 1962 年全国科技工作会议后该趋势得到缓解）
1963 年	成立了农业部科技局（其在"文化大革命"期间遭到破坏，1982 年更名为科技司）
1964 年	成立华南热带植物研究院
1970~1972 年	中国农业科学院的建制被撤销，多数研究所机构和相关人员被下放
1978 年	年初恢复中国农科院及林科院的建制；成立中国水产科学院
1983 年	农业部成立科技委员会，至 1983 年中国农科院已有科研机构 35 个
1985 年	国家设立中科院科学基金、科技攻关计划等，拉开了科技体制改革的序幕

资料来源：樊胜根，菲利普·帕德，钱克明. 中国农业研究体系——历史变迁及对农业生产的作用 [M]. 北京：中国农业出版社，1994.

张银定，钱克明. 我国农业科研体系的制度变迁与科研体制改革的绩效评价研究 [D]. 北京：中国农业科学院博士学位论文，2006 - 6.

黄佩民. 中国农业科学院成立的前后 [J]. 古今农业，2007（2）：101 - 109.

第一阶段，高度计划集中的农业科技体制形成期（所处时间段为 1949~1966 年），这一阶段我国农业科技工作进展较为顺利，农业科技得到了新生人民政权的重视，尤其是 1956 年开始农业科技事业多次被纳入科技发展规划中。这一阶段由于国内外环境的需要，农业科技工作于高度集中统一的计划经济管理体制下取得明显进展，有效促进了当时社会生产力提升和现代化建设各项事业发展。

第二阶段，农业科技工作发展相对停滞的时期（所处时间段为 1966~1976 年），这一阶段在极"左"的思想和政策的广泛影响下，中国的农业科技工作发展也遭遇了重大损失，表现在农业科研院所、农业高等院校被撤销或停办，科研人员被下放，该历史阶段农业科技事业处于发展相对停滞的状态。

第三阶段，农业科技工作恢复调整的发展时期（所处时间段为 1976~

1985 年），随着 1978 年中国共产党十一届三中全会的拨乱反正和全国科学大会的顺利召开，农业科技事业的重要地位和作用得以重新认识，农业科技事业实现了一定程度的恢复和发展。尤其是《中共中央关于加快农业发展若干问题的决定》等政策的出台及《关于加强农林科教工作和调整农业科学教育体制的报告》等文件的批准和工作重心向"发展国民经济必须依靠科学技术，科学技术工作必须为发展国民经济服务"方向转移的科学引导下，农业科研机构建设逐步走向常态、农业科技学科门类和专业设置得以健全，农业科技人员的工作和生活条件也稳步提升，农业科技工作重回正轨。农业科技事业发展恢复调整时期相关重要的法律法规或会议的重要表述见表 3－2。

表 3－2　农业科技事业发展恢复调整时期主要农业科技的标志性文件或会议

会议或政策文件名称	时间	主要表述或意义
全国科学大会	1978 年 3 月 18 日～3 月 31 日	阐述了"科学技术是生产力"著名论断，为我国科技发展扫清了障碍；号召全国人民向科学技术现代化进军；科学的春天
《八年规划纲要》	1978 年 10 月	提出了"全面安排，突出重点"的方针
《中共中央关于加快农业发展若干问题的决定》	1979 年 9 月 28 日	实现农业现代化，迫切需要用现代科学技术知识来武装我们的农村工作干部和农业技术人员；同时，要极大地提高广大农民首先是青年农民的科学技术文化水平；要组织全国科学技术力量研究解决农业现代化中的科学技术问题；要切实地加强技术推广工作
《农业技术干部技术职称暂行规定》	1980 年 5 月 8 日	适应农业现代化的需要，建立一支勇于攀登科学技术高峰的宏大的农业科技队伍
《科学技术干部管理工作试行条例》	1981 年 4 月 23 日	对科学技术干部的分配使用，必须根据国家需要，统筹安排，重点配备，加强集中统一
《中共中央关于印发〈当前农村经济政策的若干问题〉的通知》	1983 年 1 月 2 日	要继续进行农业技术改造，建立与健全农业科学技术研究推广体系和培养农村建设人才的教育体系

续表

会议或政策文件名称	时间	主要表述或意义
《农业技术推广条例（试行)》	1983 年 7 月 7 日	明确了农业技术推广的工作原则、机构任务、编制队伍、设备经费、奖励与惩罚
《国务院关于颁发〈国务院关于科技人员合理流动的若干规定〉的通知》	1983 年 7 月 13 日	为确保国家重点建设项目和重大科技攻关任务的完成，振兴经济，实现 4 个现代化，必须对现有科技人员做适当调整，改善对科技人员管理和使用
《农牧渔业部农业机械化技术推广工作管理办法（试行)》	1983 年 9 月 20 日	农机化技术推广工作是农业科技工作的组成部分，是将科技成果转变为生产力必不可少的环节
《国务院关于引进国外人才工作的暂行规定》	1983 年 9 月 26 日	确定引进的范围和重点、计划管理、对外联系、确定人选工作程序、经费待遇、保密安全等
《农业技术承保责任制试行条例》	1984 年 3 月 1 日	明确了技术承包责任制原则、承保形式和内容、承包人员和报酬、组织领导，其中承保收入规定为"分配要合理兼顾各方人员，贯彻多劳多得原则，单位得大头，个人得小头"
《农业技术重点推广项目管理试行办法》	1984 年 4 月 11 日	各级农业技术推广部门，应本着"决不放松粮食生产，积极开展多种经营"的方针，按照当地农业生产的任务和要求，制订所管地区的年度农业技术推广计划和长远规划
《中共中央关于科技体制改革的决定》	1985 年 3 月 13 日	阐明了科学技术体制改革的必要性，提出了改革农业科学技术体制，促使其利于农村经济结构调整，助推农村经济向专业化、商品化和现代化转变
《中国人民银行、国务院科技领导小组办公室关于积极开展科技信贷的联合通知》	1985 年 10 月 7 日	各行今后发放中短期贷款应尽量和技术开发项目密切结合，推动企业的技术进步，取得更好的经济效益
《"七五"国家重点科学技术项目（攻关）实施办法的若干规定》	1985 年 12 月 20 日	国家拨给重点科技项目的经费，按不同类型实行分类管理、部分偿还的制度，改革过去那种经费由国家拨款包下来，吃"大锅饭"的弊端

资料来源：中国改革开放新时期年鉴和中国知网法律法规数据库。

在计划体制下我国农业科技制度的演进过程可以说一波三折，其建设过程既有成功的经验，也有失误的教训，这些宝贵的历史材料给农业科技政策体系建立健全带来以下启示：①始终从战略层面重视科技与专业技术人才队伍发展，发挥农业科技第一生产力的支撑作用；②在农业科技领域要尽量避免政出多门的症结，大幅减少条块分割、资源分散、低水平重复、低效、协作不力等问题，遵循农业科技发展规律，并在充分尊重农业科技发展规律的情况下，集中力量组织跨区域、跨学科、跨部门的联合攻关，重点解决农业科技领域基础性、战略性和前瞻性的问题；③尊重人才、尊重知识、尊重科技、尊重创新，加大资金投入和政策扶持，积极营造创新和人才发展的良好环境，并要想办法解决他们在工作和生活中的实际困难，保证他们能专心致志从事农业科研和技术创新工作；④加强顶层设计，优化科技资源配置，完善科技管理体制和运行机制，鼓励广大农业科技工作者承担起推动各地方经济社会发展的历史使命。这也成为后计划经济时代，农业科技体制建设和革新所遵循的一些基本原则。

（二）市场经济体制为主要导向的发展时期（1985～2005 年）

《中共中央关于科学技术体制改革的决定》正式出台，标志着我国科技体制改革由局部、自发阶段进入全面、有组织的阶段，我国农业科技工作也进入重要的变革期，在"经济建设必须依靠科学技术，科学技术必须面向经济建设"战略方针指引下，农业科技体制变革的实践活动迅速铺开。回顾 30 多年来我国农业科技体制改革所取得的成就，几乎是伴随着我国经济体制和政治体制的改革进程而的产生和发展的，其制度变迁的过程与社会主义市场经济体制建设的要求相适应，也遵循了农业科技发展的客观规律。改革初期，通过改革科研拨款体制，逐步减拨事业费，限期实现经费自立等方式，促使科研单位走向市场，树立了自主经营观念，此后又坚持市场化改革取向优化农业科技政策体系，农业科技成果与农业生产实际的结合程度有了根本提升，再往后则对不同类型的科技机构，执行"稳住一头、放开一片"的体制机制调整，这体现着政策制定部门对农业科技规律认识水平的提升。根据农业体制变革和重大政策的出台的顺序，下面分3个阶段加以说明①。

（1）改革初期（1985～1991年）。总体来看，随着党的十二届三中全会（1984年10月）首次提出"社会主义经济体制"的重要表述，确认了中国社会主义经济是公有制基础上的有计划的商品经济，这一时间的改革即主要以实现科技与经济发展紧密结合为目标，以促进成果商品化为主要任务，以改革拨款制度为切入点，在组织形式上积极鼓励面向市场开展科研活动，促使科研部门与生产部门以及各科研系统之间的封闭局面打破，横向联系不断加强；在行政制度上，革新了人事管理、经费税收、资产处置、科技外事和外汇管理等制度，增强科学技术研究机构的活力；在运行机制方面改革拨款制度，一是改革科研院所拨款制度，减少人头划拨事业费，用竞争的方法分配财政资金投入；二是推动应用类科研机构转制，推进农业技术商品市场建设和创新，推动农业科研机构服务社会发展能力的提升。该时期主要的农业科技举措见表3-3。

表3-3　　　农业科技事业改革初期主要农业科技的标志性文件或会议

会议或政策文件名称	时间	主要表述或意义
《农牧渔业部关于农业科技体制改革的若干意见（试行)》	1986年9月22日	农业科技工作要适应农村商品经济的发展；各级农业科技领导部门要简政放权，加强宏观管理；农业科研和推广机构的事业费由国家拨给，鼓励和支持有条件的单位，广开经费来源，积极增加收入；改变单纯依靠行政手段全部无偿转让科技成果的做法；健全农业技术推广体系和加强人才队伍建设

① 该阶段的划分借鉴樊胜根（1994）、黄季焜（2003）、张银定（2006）在研究中的标准。另外特别需要说明的是，就1985～2005年我国农业科技体制改革的三阶段划分固然可以将1985年以来国家采取的重大改革举措纳入三个小的阶段加以解释和阐述，但各阶段时间上的划分并不是绝对的，事实上由于改革是一个渐变的过程，各阶段间有相互交叉的情况存在。

续表

会议或政策文件名称	时间	主要表述或意义
《国务院关于深化科技体制改革若干问题的决定》	1988 年 5 月 3 日	适应有计划商品经济的需要，发挥科技优势，以发展生产力为目标，进一步建立科技与经济紧密结合的机制
《国务院关于依靠科技进步振兴农业加强农业科技成果推广工作的决定》	1989 年 11 月 27 日	大力抓好农业科学技术的推广应用工作
《农业科研机构科技开发工作管理办法（试行)》	1990 年 12 月 1 日	农业科技开发工作实行技术合同管理；规定了农业科技开发的主要内容和形式；明确了费用、收入和分配制度
《关于进一步组织高等学校科技力量为振兴农业作贡献的决定》	1991 年 5 月 7 日	把高等学校的科技力量进一步组织起来，为振兴农业服务

资料来源：中国改革开放新时期年鉴和中国知网法律法规数据库。

（2）改革调整时期（1992～1998 年）。在原国家科委、国家体改委联合发布的《关于分流人才、调整结构，进一步深化科技体制改革的若干意见》[①] 中"稳住一头，放开一片"原则指导下，将农业科技体制改革重点逐步转向结构调整和综合配套改革。该阶段是我国正式确立并开始建设"社会主义经济体制"的重要时期，农业科技事业尚处在原始创新能力不强，发展水平总体不够，科技对农业经济社会发展的支撑能力不足的状况下，因此加快人才分流，合理调整科技系统结构，进一步转变系统运行机制是深化科技体制改革的一项战略任务。经过系统性调整，优化了农业科研系统的组织结构，初步实现研发和创新推广并重的创新局面，农业科技资源配置结构不太合理的局面也得到改善；深化了

---

① 国家科委、国家体改委. 国家科委、国家体改委印发《关于分流人才、调整结构、进一步深化科技体制改革的若干意见》的通知［Z］. 1992－8－27.

管理体制改革，实现了分类管理，强化了科研单位的内部管理；在运行模式上，增强了市场对科技进步的导向和推动作用，扩大了广大农业科技人员的自主权，更大程度上释放了创新活力。总体而言，这一阶段的农业科技政策调整体现出了农业科技工作"市场需求"与"政府调控"的紧密结合，一方面针对开发应用型科研机构主要以市场机制为导向，与此同时针对农业基础研究、基础性技术、农业科技领域重大战略需求等富有公共物品属性的科技活动，政府赋予其较高的优先序，实现由政府买单。该时期主要的农业科技举措见表3-4。

表 3-4　　农业科技事业改革调整时期主要农业科技的标志性文件或会议

会议或政策文件名称	时间	主要表述或意义
《关于加强农业科研单位科技成果转化工作的意见》	1992年10月9日	进一步转变农业科研单位运行机制，以市场为导向，加速农业科技成果转化；多渠道筹措资金，增强农业科技成果转化的投入等
《农业科技开发工作管理办法》	1992年8月1日	农业技术及其开发产品的价格除国家规定的价格外，实行市场调节；农业科技开发收入在扣除成本后，即可按规定提取酬金；农业科教机构科技开发的收入，税前提取奖励酬金，计入成本
《关于积极实行农科教结合推动农村经济发展的通知》	1992年2月12日	农科教结合是广大干部、群众和科教人员在农村综合改革实践中创造的具有普遍意义的新鲜经验，使科教兴农找到了具体的实现形式
《国务院关于下达〈国家中长期科学技术发展纲领〉的通知》	1992年3月8日	农业科学技术的发展，要处理好应用推广与研究开发的关系；大力发展以科技为支柱的商品经济服务体系；同时要切实加强农业科研工作，搞好纵深配置
《农业部关于进一步加强科教兴农工作的决定》	1992年6月20日	把科教兴农真正摆在农业部门工作的主要位置
《关于分流人才、调整结构、进一步深化科技体制改革的若干意见》	1992年8月27日	对基础性、高技术、重大工程建设和重大项目要提供充分且持续稳定支持；技术开发机构要面向经济，多渠道分流；社会公益机构和科技服务机构要立足社会需要，逐步构筑新兴第三产业

续表

会议或政策文件名称	时间	主要表述或意义
《中共中央、国务院关于当前农业和农村经济发展的若干政策措施》	1993 年 11 月 5 日	推广先进实用的农业科学技术
《适应社会主义市场经济发展、深化科技体制改革实施要点》	1994 年 2 月 17 日	科技体制改革总体目标是建立适应社会主义市场经济发展，符合科技自身和市场运行规律，科技与经济密切结合的新型体制
《"科技兴农计划"资金管理办法（试行）》	1995 年 9 月 8 日	资金的使用范围，主要是农技推广单位为推广农业科研成果和先进适用的农业技术有关科技活动
《农业科学技术成果鉴定暂行办法》	1996 年 4 月 25 日	规定了农业科学技术成果的范围、组织、程序和管理制度
《国务院关于"九五"期间深化科技体制改革的决定》《引进国际先进农业科学技术项目管理办法》	1996 年 10 月 3 日	坚持在面向经济经济建设和社会发展主战场、发展高技术和建立高新技术产业、加强基础性研究 3 个层次上进行科技体制改革
《引进国际先进农业科学技术项目管理办法》	1996 年 5 月 9 日	为了提高引进效率和效益，要以国家引进为导向，统筹规划，加强归口管理，避免重复引进
《中华人民共和国促进科技成果转化法》	1996 年 10 月 1 日	国家鼓励农业科研机构、农业试验示范单位独立或者与其他单位合作实施农业科技成果转化；并以法律的形式规范了包括农业科技成果在内的科技成果转化的规范和程序
《关于财政支持建立农业科技推广示范园区的若干意见》	1998 年 5 月 18 日	进一步做好社会主义市场经济条件下财政支持农业科技推广工作，提高农业科技含量

资料来源：中国改革开放新时期年鉴和中国知网法律法规数据库。

（3）科研单位分类改革时期（1999～2000 年）。在即将进入实施现代化建设第三步战略的关键时期，中共中央、国务院颁布了《中共中央国务院关于加强技术创新，发展高科技，实现产业化的决定》①。该时期农业科技事业发展的基本规律和其公共物品属性已得到深刻认识，在充分运用市场机制的基础上，积极发挥了政府的宏观调控作用，以加强基础研究和技术创新、优化技术与经济的结合程度为目的，以分类改革为重要思路，助推农业科技原始创新能力的提高和农业科技商品的有效供给，尤其是进入 21 世纪以来，国家农业创新体系逐步完善，区域创新高地、行业科研机构在农业科技攻坚中的作用不断增强。该时期主要的农业科技举措见表 3 - 5。

表 3 - 5　　　科研单位分类改革时期主要农业科技的标志性文件或会议

会议或政策文件名称	时间	主要表述或意义
《科学技术部关于印发〈关于农业信息化科技工作的若干意见〉和〈国家 863 计划智能化农业信息技术应用示范工程实施办法〉的通知》	1999 年 3 月 15 日	加强农业信息化关键技术的研究与开发；建设适合国情的农业专家系统和信息服务系统；建立农业信息化示范体系
《农业科技跨越计划实施管理办法（暂行)》	1999 年 5 月 28 日	加快实施科教兴农战略，进一步推进农业科技革命，加速现有农业科技成果的中试与转化
《关于实施农科教结合"百千万工程"的意见》	1999 年 11 月 15 日	探索农科教结合在不同区域结合模式，不断丰富和完善农科教结合的形式和内容
《农业科学技术保密规定》	2000 年 7 月 6 日	规定了农业科技保密的范围和密级；保密管理
《关于财政支持建立农业科技推广示范基地的实施意见》	2000 年 4 月 12 日	财政支持农业科技推广示范基地建设，是财政支持农业科技推广工作的进一步深化和创新
《农业科技发展纲要（2001 ~ 2010 年)》	2001 年 4 月 28 日	推进新的农业科技革命，实现传统农业向现代农业的跨越

①　中共中央、国务院．中共中央、国务院关于加强技术创新、发展高科技、实现产业化的决定［Z］.1999 - 8 - 20.

续表

会议或政策文件名称	时间	主要表述或意义
《农业科技成果转化资金项目管理暂行办法》	2001年8月28日	支持农业科技成果进入生产的前期性开发，逐步建立起适应社会主义市场经济，符合农业科技发展规律，有效支撑农业科技成果向现实生产力转化的新型农业科技投入保障体系
《科学技术部关于加强"国家农业科技园区"工作的补充通知》	2001年10月16日	农业科技园区要发挥区域优势，突出地方特色；以技术密集为主要特征，以科技开发、示范、辐射和推广为主要内容；要把政府指导、企业运作、中介参与、农民受益放在十分重要的位置
《科学技术部关于进一步加强地方科技工作的若干意见》	2001年7月15日	今后5～10年，是我国进行经济结构调整，实施现代化建设第3步战略部署的关键时期。要充分调动和发挥地方的积极性，进一步优化全国科技资源配置
《"十五"星火计划发展纲要》	2001年7月26日	以农副产品加工为突破口，实施农业产业化科技行动等
《"十五"科技扶贫发展纲要》	2001年10月10日	科技扶贫是中国扶贫开发工作的重要组成部分
《"十五"农村市场信息服务行动计划》	2001年9月18日	建立起覆盖全国以及有条件的农业产业化龙头企业、农产品批发市场、中介组织和经营大户的农村市场信息服务网络
《关于大力发展科技中介机构的意见》	2002年12月20日	创造科技创新和产业化发展的良好环境和条件，推进国家创新体系建设
《全国农业和农村经济发展第十个五年计划（2001～2005年）》	2003年7月9日	加快实施科教兴农和可持续发展战略
《全国新型农民科技培训规划（2003～2010年）》	2003年7月2日	围绕农业部实施《优势农产品区域布局规划》，大力提高农民科技文化素质
《中共中央关于完善社会主义市场经济体制若干问题的决定》	2003年10月14日	深化农业科技推广体制和供销社改革，形成社会力量广泛参与的农业社会化服务体系

续表

会议或政策文件名称	时间	主要表述或意义
《中共中央、国务院关于促进农民增加收入若干政策的意见》	2013 年 12 月 31 日	加强农业科研和技术推广
农机科技兴粮行动计划 *	2004 年 3 月 8 日	大力推进农业机械化，提高粮食生产机械化水平，增强粮食生产科技应用、节本增效和抗灾减灾能力，加强粮食综合生产能力
《关于推进农业科技入户工作的意见》	2004 年 10 月 11 日	从农业发展和农民实际需要出发，推动农业科技入户，提高农民科学文化素质和科技应用水平，加速农业科技进步与创新
农业科技"110"信息服务模式推进方案	2005 年 2 月 6 日	因地制宜地示范、推广农业科技"110"信息服务模式

注：＊农业部．农业部关于实施"农机科技兴粮行动计划"的通知［Z］.2004－3－8.
资料来源：中国改革开放新时期年鉴和中国知网法律法规数据库。

（三）创新型国家战略为导向新一轮发展时期（2006 年至今）

伴随对农业科技规律的逐步提高及改革调整中政府调控和市场调节并举，中国农业科技整体水平有了显著变化，农业科技进步贡献率不断提高，农业综合生产能力不断增强，农业发展的方向开始向现代农业转变。然而也应清醒地认识到，与建设现代农业的要求相比，与国际先进水平相比，差距仍然很大，表现在：一是农业科技资源配置模式不合理和使用效率不高的问题；二是农业科技投入强度偏低、政策扶持力度不足的问题；三是科研项目没有结合农业生产需求和生产实际的问题；四是市场机制在农业科技创新活动中失灵的问题；五是成果评价机制不完善；六是其他配套改革措施之后的问题等。[①]

加快建设创新型国家，全面增强科技创新能力，推进农业现代化建设，迫切要解决上述问题，更能为赢得新一轮全球竞争争取战略主动。

----

① 该内容参考了《关于印发〈国家农业科技创新体系建设方案〉的通知》（农科教发（2007）3 号）文件精神。

按照 2005 年和 2006 年中央"一号文件"建立新型国家农业科技创新体系的总体要求，持续加大财政用于"三农"的支出，确保公共财政的农业科技投入增幅显著高过财政经常性收入的增幅，依托创新农业科技的体制机制提高原始创新能力，不断巩固提高农业综合生产能力，加强科技对现代农业建设的支撑与引领，早日实现创新型国家建设。我国农业科技体制改革演进到创新型国家建设发展新时期（详见图 3 - 2），表 3 - 6 展示了近年来中央一号文件关于农业科技发展的相关论述。

表 3 - 6   近年来中央"一号文件"关于支持农业科技政策的内容

年份	相关表述	农业科技进步贡献率（%）	年份	相关表述	农业科技进步贡献率（%）
2004	加强农业科研和技术推广	约46.5	2012	依靠科技创新驱动，引领支撑现代农业建设	53.5
2005	加快农业科技创新，提高农业科技含量	48	2013	加强农业科技创新能力条件建设和知识产权保护	55.2
2006	大力提高农业科技创新和转化能力	—	2014	推进农业科技创新	55.6
2007	推进农业科技创新，强化建设现代农业的科技支撑	—	2015	强化农业科技创新驱动作用	>56
2008	着力强化农业科技和服务体系基本支撑	>50	2016	强化现代农业科技创新推广体系建设	56.2
2009	推进农业科技进步和创新	约为51	2017	强化科技创新驱动，引领现代农业加快发展	57.5
2010	提高农业科技创新和推广能力	52	2018	加快建设国家农业科技创新体系	58.5
2011	强化水文气象和水利科技支撑	53.5	2019	加快突破农业关键核心技术	—

资料来源：历年中央一号文件和农业部、科技部相关文件及《中国农业科技发展报告（2012～2017）》，2004 年、2008 年、2009 年年份为大约数，有些年份未见公开报道以"—"表示。

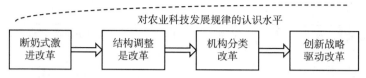

对农业科技发展规律的认识水平

| 断奶式激进改革 | → | 结构调整是改革 | → | 机构分类改革 | → | 创新战略驱动改革 |

图 3 - 2　1985 年以来我国农业科技政策体系的历史变迁过程

资料来源：张银定，钱克明．我国农业科研体系的制度变迁与科研体制改革的绩效评价研究．中国农业科学院博士学位论文，2006.6.

以创新型国家战略为驱动的新一轮变革是对中长期农业科技发展规划纲要的深化和延伸，是在我国进入工业化中期阶段，已基本具备工业反哺农业的能力和条件的现实背景下开展的，既顺应社会主义市场经济发展的新形势，又适应农业科技特点、符合农业科技发展规律。新一轮体制机制改革，致力于实现体制机制创新上的新突破，坚持创新理论引领创新实践，遵循"科学布局，优化资源，创新机制，提升能力"的总体思路，加快农业科研步伐提高农业科技创新能力培育。2004 ~ 2019年，中央一号文件连续聚焦"三农"工作，并始终把坚持农业农村优先发展放在突出的位置，其中 2012 年的中央一号文件还直接以"加快推进农业科技创新持续增强农产品供给保障能力"为主要内容，系统阐述了农业科技创新驱动引领支撑现代农业建设的政策举措，此外 2007 年，国家围绕与国计民生关系密切的大宗农产品建立了"现代农业产业技术体系"。这些计划的执行，使农业科技政策体系更加完善，为提升国家、区域创新能力和农业科技自主创新能力奠定了坚实基础。该时期主要的农业科技举措见表 3 - 7。

表 3 - 7　　新一轮发展时期主要农业科技的标志性文件或会议

会议或政策文件名称	时间	主要表述或意义
《农业部实施农业科技成果转化资金项目管理暂行规定》	2006 年 6 月 5 日	项目管理遵循"突出重点、择优支持、规范管理、强化监督"的原则，提高农业科技成果的转化率

会议或政策文件名称	时间	主要表述或意义
《中共中央、国务院关于实施科技规划纲要增强自主创新能力的决定》	2006 年 1 月 26 日	新体制机制，坚持自主创新，建设创新型国家，全面提升国家竞争力
《国务院关于深化改革加强基层农业技术推广体系建设的意见》	2006 年 8 月 28 日	加大支持力度，推进基层农业技术推广机构改革，促进农业技术社会化服务组织发展
《国家农业科技创新体系建设方案》	2007 年 4 月 9 日	适应农业现代化的需要，建立一支勇于攀登科学技术高峰的宏大的农业科技队伍
《关于印发十一五国家农业科技园区发展纲要的通知》	2007 年 5 月 25 日	对科学技术干部的分配使用，必须根据国家需要，统筹安排，重点配备，加强集中统一
《农业部、财政部关于印发〈现代农业产业技术体系建设实施方案（试行）〉的通知》	2007 年 12 月 11 日	要继续进行农业技术改造，建立与健全农业科学技术研究推广体系和培养农村建设人才的教育体系
《农业部关于开展全国农业机械化示范区建设的通知》	2007 年 2 月 15 日	明确了农业技术推广的工作原则、机构任务、编制队伍、设备经费、奖励与惩罚
《关于开展生产力促进中心服务新农村建设和科技金融试点的通知》	2010 年 4 月 26 日	为了确保国家重点建设项目和重大科技攻关任务的完成，振兴经济，实现四个现代化，必须对现有科技人员作适当调整，改善对科技人员的管理和使用
《关于印发十一五国家农业科技园区发展纲要的通知》	2007 年 5 月 25 日	对科学技术干部的分配使用，必须根据国家需要，统筹安排，重点配备，加强集中统一
《农业部、财政部关于印发〈现代农业产业技术体系建设实施方案（试行）〉的通知》	2007 年 12 月 11 日	要继续进行农业技术改造，建立与健全农业科学技术研究推广体系和培养农村建设人才的教育体系
《农业部关于开展全国农业机械化示范区建设的通知》	2007 年 2 月 15 日	明确了农业技术推广的工作原则、机构任务、编制队伍、设备经费、奖励与惩罚

续表

会议或政策文件名称	时间	主要表述或意义
《关于开展生产力促进中心服务新农村建设和科技金融试点的通知》	2010 年 4 月 26 日	为了确保国家重点建设项目和重大科技攻关任务的完成，振兴经济，实现四个现代化，必须对现有科技人员作适当调整，改善对科技人员的管理和使用
《关于印发新形势下加强县市科技工作意见的通知》	2011 年 7 月 20 日	农机化技术推广工作是农业科技工作的组成部分，是将科技成果转变为生产力必不可少的环节
《农业部关于印发〈农产品加工业"十二五"发展规划〉的通知》	2011 年 5 月 17 日	加快技术进步与自主创新能力提升
《国务院关于加快推进现代农作物种业发展的意见》	2011 年 4 月 10 日	择优支持一批规模大、实力强、成长性好的种子企业开展商业化育种，支持引进国内外先进育种技术、装备和高端人才
《关于印发"十二五"农业与农村科技发展规划的通知》	2012 年 3 月 15 日	健全新型农村科技服务体系，实施农村信息化示范省建设，加快国家农业科技园区建设
《关于开展农村流通领域科技特派员创业行动的意见》	2012 年 4 月 1 日	建设新型社会化农村科技服务体系，发展农村流通和科技信息服务网络
《农业部办公厅关于国家农业科技创新与集成示范基地建设的意见》	2014 年 8 月 20 日	建立健全创新基地运行机制，建立以政府引导性支持和社会多元化投入相结合的自我发展机制
《国务院办公厅关于推进农村一二三产业融合发展的指导意见》	2015 年 12 月 30 日	实施"互联网＋现代农业"行动，推进现代信息技术应用于农业生产、经营、管理和服务
《国务院办公厅关于加快转变农业发展方式的意见》	2015 年 7 月 30 日	强化农业科技创新，提升科技装备水平和劳动者素质

续表

会议或政策文件名称	时间	主要表述或意义
《国务院关于印发全国农业现代化规划（2016～2020年）的通知》	2016年10月17日	推进现代农业产业技术体系建设，打造现代农业产业科技创新中心。实施农业科研杰出人才培养计划，建设国家农业科技创新联盟
《农业部办公厅关于印发〈农业部基本科研业务费专项资金管理办法〉的通知》	2016年12月8日	加强和规范我部基本科研业务费专项资金管理，提高资金使用效益
《国务院办公厅关于完善支持政策促进农民持续增收的若干意见》	2016年12月6日	鼓励社会资本投资农业产业投资基金、农业私募股权投资基金和农业科技创业投资基金
《农业部关于加大贫困地区项目资金倾斜支持力度促进特色产业精准扶贫的意见》	2016年9月1日	加大对贫困地区农业科技推广项目的实施力度，促进贫困地区特色资源优势转化为产业发展优势；现代农业产业技术体系项目向贫困地区延伸[1]
《关于印发〈"十三五"农业农村科技创新专项规划〉的通知》	2017年6月9日	一是创新农业科技体制机制；二是创新科技任务组织管理
《农业部办公厅关于加强农产品加工技术集成科研基地建设的指导意见》	2017年5月13日	大幅提升农产品加工集成创新能力，技术装备取得较大突破，加工过程节能减排成效明显，技术服务能力显著提升[2]
《科技部关于印发国家科技成果转移转化示范区建设指引的通知》	2017年10月10日	支持高校、科研院所强化需求导向的科技研发，为科技成果转移转化提供高质量成果供给；建设产学研相结合的技术研发应用基地；壮大职业化科技成果转移转化人才队伍[3]
《国务院办公厅关于推进农业高新技术产业示范区建设发展的指导意见》	2018年1月16日	培育一批研发投入大、技术水平高、综合效益好的农业创新型企业；着力提升主导产业技术创新水平
《农业农村部办公厅关于开展农业重大技术协同推广计划试点的通知》	2018年6月11日	探索建立农科教协同开展技术推广服务的有效路径，增强科技在支撑农业结构调整和促进绿色发展中的引领作用

续表

会议或政策文件名称	时间	主要表述或意义
《国务院关于加快推进农业机械化和农机装备产业转型升级的指导意见》	2018 年 12 月 21 日	加快推动农机装备产业高质量发展
《中共中央国务院关于坚持农业农村优先发展做好"三农"工作的若干意见》	2019 年 1 月 3 日	强化创新驱动发展，实施农业关键核心技术攻关行动，培育一批农业战略科技创新力量，推动生物种业、重型农机、智慧农业、绿色投入品等领域自主创新④
《国务院关于促进乡村产业振兴的指导意见》	2019 年 6 月 28 日	强化科技创新引领。大力培育乡村产业创新主体。建设国家农业高新技术产业示范区和国家农业科技园区。建立产学研用协同创新机制，联合攻克一批农业领域关键技术。支持种业育繁推一体化，培育一批竞争力强的大型种业企业集团。建设一批农产品加工技术集成基地。创新公益性农技推广服务方式⑤

资料来源：①农业部．农业部关于加大贫困地区项目资金倾斜支持力度促进特色产业精准扶贫的意见［Z］.2016 - 9 - 1.

②农业部．农业部办公厅关于加强农产品加工技术集成科研基地建设的指导意见［Z］［Z］.2017 - 5 - 13.

③科技部．科技部关于印发国家科技成果转移转化示范区建设指引的通知［Z］.2017 - 10 - 10.

④中共中央　国务院．中共中央、国务院关于坚持农业农村优先发展做好"三农"工作的若干意见［Z］.2019 - 1 - 3.

⑤国务院．国务院关于促进乡村产业振兴的指导意见［Z］.2019 - 6 - 28.

中国改革开放新时期年鉴和中国知网法律法规数据库。

　　我国农业科技创新体系基本形成，其组织框架详见图 3 - 3，并在引领现代农业发展上发挥着核心作用。目前我国已进入以科技创新驱动、引领农业高质量发展的关键期，此外在当前脱贫攻坚阶段，探索建立创新驱动的长效机制，是贯彻精准扶贫、精准脱贫基本方略的有效途径。

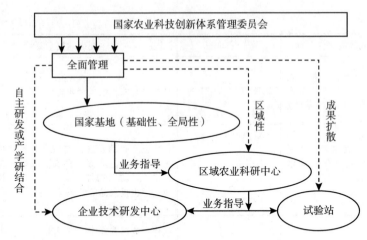

图3-3 国家农业科技创新体系组织结构框架

资料来源：根据《国家农业科技创新体系建设方案》文稿整理。

二、农业科技体制历史变迁特征分析

我国农业科技政策体系，在改革开放开始至1984年阶段内主要思路是以恢复发展为主，核心目标就是依靠科技尽快发展农业生产，保障粮食安全，在此期间中央发布了3个"一号文件"和国家科技攻关计划等几个重要的农业科技政策文件，为后续科技体制改革奠定了较好的制度基础。随着1985年科技体制改革拉开序幕和全面启动，以及后续一轮又一轮加快改革和全面深化改革，农业科技政策体制也实现了在资金投入、资源配置、人事管理、优先科研方向等制度的改革和逐步调整，且始终坚持服务于社会主义市场经济改革方向，对解放和发展农业生产力，保障农产品生产供应和提高农业可持续发展能力，提供了强力支撑。农业科技投入政策作为农业科技政策体系的核心内容，其变革调整过程贯穿于农业科技体制改革的始终，从这个意义上又可以将新中国成立以来农业科技体制改革过程，划分为以农业科研事业经费全额拨款为特征的阶段（20世纪50~80年代中期）和以政府投资方式不断调整为特征的阶段（20世纪80年代中期以来），在改革主要内容和措施上，农业科技政策体系的调整充分体现了"市场导向"和"政府调控"的紧密结合，表现为"强制性制度变迁"和"诱致性制度变迁"的融合，见图3-4。

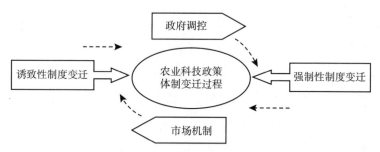

图3-4　我国农业科技体制改革"市场机制"与"政府调控"的结合

（一）农村科技政策的制定执行均具有时代紧迫性

我国农业科技政策的出台均紧密结合所处时代发展的现实需要，在计划经济体制为主要导向的发展时期，农业科技政策体系的变革主要体现为恢复发展，改革更多的是对既有政策体系进行修订完善；此后，伴随着科技体制改革而启动的农业科技政策体系的调整，便是将改革逐步引向深入，并由针对性启动实施了财政拨款、机构设置、人员和成果管理制度及一系列农业科技计划；此后社会主义市场经济体制改革也带来了农业科技领域的社会化发展，并随着经济体制改革向纵深发展，农业科技与市场结合愈发紧密，并促成了农业科技体系稳步推进；进入新时期，随着全面深化改革的推进，农业科技政策体系建设的步伐加快，充分反映了创新驱动对现代农业发展的政策支持。

（二）农业科技政策之间具有历史延续性和革新性

纵观各个农业科技体制改革时期农业科技政策的类别和特征，发现不同阶段农业科技政策体系间并不是割裂的关系，而是呈现了较好的历史继承和优化调整，是主动适应、相互促进的关系，一方面反映出政策供需主体对农业科技发展规律认识水平随着时代进步是不断提高的，另外一方面各个时期农业科技体制改革的核心目标是同一的，即通过农业科技发展推动农业现代化的早日实现。

（三）市场在农业政策执行中发挥的作用不断强化

因为诸多原因我国历史上曾长期实行的计划经济体制，计划经济体制下集中办大事的优势在国民经济恢复发展时期曾起到了巨大作用，其中计划体制指导下的农业科研事业有效保障了保障国家粮食安全。然而随着社会主义经济体制的提出、建立和发展，计划体制不再完全适应形势发展的需要，在农业科技领域也迫切希望政策的执行能遵循市场规律，以市场化手段引导农业科技要素、资源合理流动，进而实现农业科技活动与产业活动的有机结合，促进农业农村发展。

（四）农业科技政策参与主体呈现多元化发展趋势

总体来看，我国农业科技政策体系设计和实施的参与主体呈现逐步增多的趋势，尤其是社会主义市场机制体制的建立健全和改革开放的不断深入，农业科技政策的执行过程，更多地体现为农业科技政策供给方和需求方的博弈，且往往是政府部门、科研机构、高等学校、中介机构、农业生产组织和农业从业者等多方共同作用的结果，进入创新驱动现代农业发展的新时期这一趋势更加明显，更多新型涉农主体参与到农业科技政策体系发展过程中。

（五）农业科技政策执行机制及效果有待逐步强化

改革开放以来我国农业科技事业取得显著成就，有力支撑了经济社会发展大局，然而当前农业科技政策体系发展不平衡不充分的矛盾还较为突出，比如农业科技政策供给与农业科技政策需求不匹配的矛盾，农业科技政策体系建设地区间发展差异较大的矛盾以及农业科技政策体系建设中政出多门、协同发展程度不够的矛盾等。为此，在新的一轮改革期，尤其是面临乡村振兴战略实施的现实需求，如何优化农业科技政策执行机制设计，加快解决这些现实矛盾尚需要更多的反思和调整。

第二节　中国农业科技政策演进及调整的文本分析

当前，我国农业农村经济发展的阶段性、区域性、结构性和不确定性特征日益凸显，不同的情境下发展资源禀赋、物质基础、人才技术条件也存在较大差别，使得不同发展阶段或发展区域农业科技政策需求也存在差异。目前，学术界关于加大对农业科技创新支持力度，完善现代农业科技政策支持的讨论和研究较为深入，相关研究主要集中在以下方面：一是研究农业科技体制机制建设。二是研究农业科技投入政策问题。三是研究农业科技政策执行方式及目标。四是研究农业科技政策执行效果方面。总体来看，当前有关于农业科技政策，较多文献定性化研究描绘了科技政策演进的特征、作用及存在的问题，少量以政策文献计量分析、知识图谱等方式研究分析了科技政策演进，或基于政策工具—科技创新链的二维分析框架来探讨中国农业科技创新政策文本的演变规律。本节内容基于中国农业科技政策发展历史阶段划分和特征分析，致力于使用文本分析的手段，对具体的农业科技政策进行系统梳理，并关注农业科技政策部门发文规律、农业科技政策工具类型和不同区域政策工具选用的差异，以期深化对农业科技政策执行基本情况的认识。

一、数据来源和方法选取

（一）数据来源

以 1985 年 3 月 13 日《中共中央关于科学技术体制改革的决定》的正式出台为标志，我国科技体制改革迈向全面、有组织的改革阶段，我国农业科技工作也进入重要的变革期，在"经济建设必须依靠科学技术，科技工作必须面向经济建设"的战略方针指导下，农业科技体制改革的实践活动迅速铺开，与此同时农业科技政策体系建立健全也步入快车道。本书即以 1985 年关于科学技术体制改革的决定为政策文本分析数据的起始点，按照时间顺序搜集整理了 1985 年 3 月 13 日～2019 年 9 月间的政策文本。本书政策文本来源于中国知网法律法规数据库、中国改革开放新时期年鉴和农业农村部和科技部等政府网站，并于 2019 年 9 月 10 日～9 月 21 日采用"农业科技"为主题词开展多次的系统检索，随后进行了数据清洗，删除部分重复法条、法院判决书、纠纷案、硕士论文、会议、报纸新闻等条目，最终得到 958 条农业科技政策文本，其中中央层面文件 175 件，31 个省区市（不含中国台湾地区、香港地区和澳门特别行政区）的文件 783 件，详细情况见表 3－8。文本政策内容包括名称、颁布或实施时间、所属具体单位、效力级别以及政策全文，为科学反映不同区域农业科技政策体系建设情况，在充分考量各地区的资源禀赋基础、经济发展条件和研究目标等，根据国家统计局 2011 年 6 月 13 日关于我国经济区域的划分，研究中将全国 31 个省区市（不含台湾地区、香港地区和澳门特别行政区）划分为四大经济区域，包括东部地区、中部地区、西部地区和东北地区，具体内容见表 3－9。

表 3－8　　　　　1985～2019 年中国农业科技政策文本所属情况

所属	颁布数量（件）	占比（％）
中央部门	175	18.3
省、自治区、直辖市：	783	81.7
陕西	60	6.3
安徽	44	4.6
湖北	38	4.0
北京	19	2.0
重庆	33	3.4
福建	26	2.7
广东	26	2.7
甘肃	12	1.3

续表

所属	颁布数量（件）	占比（%）
广西	32	3.3
贵州	29	3.0
河北	25	2.6
湖南	15	1.6
黑龙江	6	0.6
河南	26	2.7
吉林	20	2.1
江苏	62	6.5
江西	16	1.7
辽宁	12	1.3
海南	5	0.5
内蒙古	10	1.0
宁夏	12	1.3
青海	3	0.3
四川	43	4.5
山东	69	7.2
上海	3	0.3
山西	13	1.4
天津	12	1.3
新疆	12	1.3
西藏	1	0.1
云南	21	2.2
浙江	63	6.6
合计数	958	100.0

注：统计不包含港澳台地区。

表3-9　　　　　　　　　　中国四大经济区域划分

地区划分	涵盖的省区市
东部地区	北京市、天津市、河北省、上海市、江苏省、浙江省、福建省、山东省、广东省、海南省
中部地区	山西省、安徽省、江西省、河南省、湖北省、湖南省
西部地区	内蒙古自治区、广西壮族自治区、重庆市、四川省、贵州省、云南省、西藏自治区、陕西省、甘肃省、青海省、宁夏回族自治区、新疆维吾尔自治区
东北地区	辽宁省、吉林省、黑龙江省

资料来源：来自国家统计局的划分依据。不包含港澳台地区。

（二）研究方法介绍

为避免政策文本定性研究的主观性和不确定性，文本量化分析得到越来越多的应用。政策文本量化分析引入内容分析、文献计量、网络分析、知识图谱等研究方法，对政策文献内容与外部结构要素的特性，对相关量化研究方法进行拓展与创新，从而实现政策文本内容和外部结构要素特性的编码分析和计量分析，揭示政策主题的变迁、政策工具的选择与组合、政策过程的主体合作网络等（黄萃，2015）。政策文本的量化方法不仅适用于单个或少量的政策文本研究（钮钦，2016），还能对某个领域大量的政策文本数据进行分析（李容容，2018）。基于政策文本分析所得的结论相对客观，除了有助于把握政策演变的历史和发展趋势外，还有利于对政策目标、作用路径、政策执行效果的把握。目前有较多学者针对国家创新体系建设、科研经费管理、科技人才政策、高新技术产业等科技政策主体，借助文献量化手段和政策文本资料，分析政策年度及适用对象、政策数量和类别、关键政策分布、政策文种、工具评价等内容（李燕萍，2009；刘云，2014；盛亚，2015）。本节内容即广泛参考已有研究成果，将从发文规模时间、发文单位特征、政策工具类型、区域政策差异等方面对中国农业科技政策开展分析。

二、中国农业科技政策文本历史演变规律

（一）农业科技政策发文数量情况

（1）发文量的时序变化。从图3-5看农业科技政策颁布实施情况，发现其年度间波动较为频繁，其中2012年政策颁布数量达到峰值，并以此为界总体上呈现倒"V"发展态势。从时序变化的分阶段情况看，有3个明显的发展周期：首先，在2000年以前，我国农业科技政策年度颁布数量多在个位数上徘徊，这其中1994年和1997年效果较为特殊，分别颁布了15件和27件政策，可能的原因在于随着建设"社会主义经济体制"进入重要时期，相应的农业科技体制改革也步入关键的调整时间，这一时间为适应科技与经济相结合的要求，从国家到地方均出台了较多关于农业科技成果转化的政策措施，如《中华人民共和国促进科技成果转化法》就"规范科技成果转化活动，加速科学技术进步"作出了全面部署[①]。其次，以2004年中央一号文件重新重点聚焦"三农"为标志，发文量呈总体呈快速增加态势，至2012年达到132件，相比2004年增加了2.6倍，在此期间《中共中央、国务院关于实施科技规划纲要增强自主创新能力的决定》《国家农业科技创新体系建设方案》《现代农业产业技术体系建设实施方案（试行）》《国务院关于加快推进现代农作物种业发展的意见》等重要科技政策文本相继颁布实施，并对现代农业产业发展产生了积极影响。此后，农业科技政策发布数量虽呈较为明显的下降趋势，尤其是2018年和2019年颁布政策数量很有限，这可能与相关政策文本在数据库更新中存在时滞有关，但《国务院关于促进乡村产业振兴的指导意见》《国务院办公厅关于推进农村一二三产业融合发展的指导意见》等政策已成为农业农村优先发展的最重要的行动指南。另外，结合图3-6，1985~2019年中央各部门农业科技政策

---

① 全国人民代表大会常务委员会. 中华人民共和国促进科技成果转化法［Z］. 1996-10-1.

发文量波动幅度较小，进入 21 世纪以来，发文规模相对上涨，其中 2005～2007 年和 2011～2013 年这两个时间段内发文量基本稳定在 10 件以上，同期地方政府农业科技政策发文量则明显多于中央部门层面，但波动明显，这一趋势在 2006～2017 年时间段内表现得尤为明显，其中 2008 年和 2012 年发文量出现过两个小高峰，发文量分别达到了 69 件和 132 件，另外还发现地方政府与中央部门层面发文趋势大致相符，但地方政府发文较中央部门在时间上稍显滞后，这也符合农业科技政策发文的基本规律。

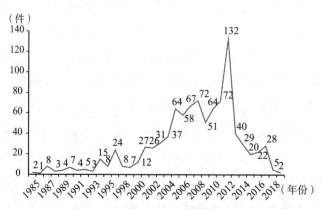

图 3-5　1985～2019 年各年度农业科技政策颁布实施情况

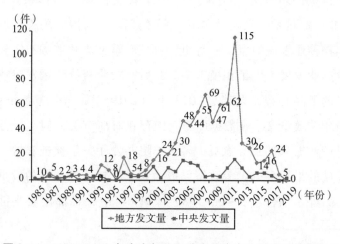

图 3-6　1985～2019 年中央部门和地方政府农业科技政策发文量

（2）分区域的发文量变化情况。从四大经济区域农业科技政策发文情况来看，不同区域政策发文量差异较大，如图 3 – 7 所示，东部地区和西部地区颁布的农业科技政策较多，中部次之；东北地区仅 38 项，其占比不到东部地区发文量的 12%。每年度农业科技政策发文方面，总体而言自 2000 年以来各地区发文量都较密集，至 2012 年达到了近年来的峰值，然而同期间上，各区域发文量差异也较大，以发文量较多的 2012 年为例，该年度内东北地区和西部地区农业科技政策发文量均达到了 43 件，是同期东北地区政策发文量的近 4 倍，是中部地区政策发文量的 2.38 倍。东部地区、中部地区和西部地区政策发文量变化趋势与中央部门政策发文变化趋势相吻合，且多集中在 2004～2012 年时间段内。包括中央部门和四大经济区域在内，其农业科技政策发文量均在 2012 年达到峰值，此外还得知东部地区和西部地区政策发文趋势演进较为趋同，中部地区和东北地区仅从政策发文量来看协同性较弱一些。

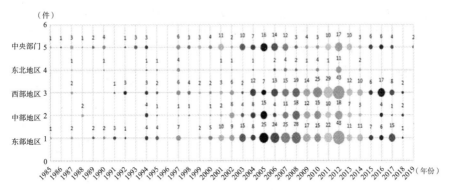

图 3 – 7　1985～2019 年中央部门和各区域农业科技政策发文量情况

注：图中点的面积大小表示当年度农业科技政策发文数量的多少。
资料来源：根据法律法规文本统计分析得到。

（二）农业科技政策发文机构情况

（1）机构联合发文情况。从统计分析结果来看，在农业科技政策领域无论是中央部门层面还是地方政府层面联合发文情况都还算比较少见，尤其在 1997 年以前，见表 3 - 10，但总体而言中央部门联合发文频次还算是要显著高于地方政府联合发文频次。分析显示，我国农业科技政策联合发文在 2001 ~ 2013 年时间段内出现频次较高，其中在 2007 年 12 月农业部与财政部等 9 个部委联合启动了现代农业产业技术体系建设试点工作，此后专门就农业科技政策联合发文较多的情况集中在 2011 ~ 2012 年，此后联合发文情况仍比较少见，经梳理发现可能的部分原因有，鉴于"三农"问题意义重大，较多时候直接由中央做顶层设计，往往表现形式就是单独发文，包括历次"中央一号文件"就是如此。论及联合发文机构的构成情况，在中央部门层面农业科技政策联合发文部门常规的组合有农业部门与科技部或与财政部或与国家发改委或与人社部或农业部与水利部、林业局等涉农部门等；地方联合发文的情况，则更多以农业农村厅与科技厅、财政厅或农业农村厅与其他涉农部门，部分则表现为省委（市委）与省政府（市政府）等组合形式。

表 3 - 10　　　　　　中央部门和地方政府联合发文情况　　　　单位：件

年份	1985	1986	1987	1988	1989	1990	1991	1992	1993	1994	1995	1996	1997	1998	1999	2000	2001	2002
中央部门	0	0	0	1	1	0	0	0	0	1	0	0	2	0	0	0	2	2
地方政府	0	0	0	0	0	1	0	0	0	0	0	0	0	0	1	0	2	1

年份	2003	2004	2005	2006	2007	2008	2009	2010	2011	2012	2013	2014	2015	2016	2017	2018	2019	
中央部门	1	3	4	7	3	2	4	2	5	7	2	0	0	0	0	0	1	
地方政府	2	3	2	2	3	2	2	2	2	5	1	1	0	0	3	1	0	

注：根据法律法规文本统计分析得到。

（2）不同地区发文机构的类型分析。研究中就中央部门和 4 个经济区域的农业科技政策发文机构情况进行了统计分析，并选取发文频次较高的 4 种单位类型。分析可知，中央和地方层面农业科技主导部门有重合的情况，但是也并不完全一致。如，在中央部门发文方面，基本由国务院及其政府组成部门中的，农业部（现农业农村部）、科学技术部、财政部主导农业科技创新体系建设，由此发文部门也多以这些部门单独行文或联合发文，国务院单独颁布重要农业科技政策也比较常见。在地方上，主要由市级人民政府和省级人民政府、农业厅（农业委员会）来牵头组织实施本地区的农业科技创新工作，其中市一级政府在其中起到重要作用，见表3–11。此外，四大经济区域中，市级人民政府对农业科技创新的引领地位比较一致，但除农业科技政策发文机构也体现出了较大差异性，如科技厅在西部地区、中部地区和东部地区的农业科技政策体系中都是主导型力量，但在东北地区这一作用不明显，且省级人民政府和科技厅在东中西部表现的作用也存在差别，其中西部地区省级人民政府在农业科技创新的作用相对程度要弱于市及县级政府；省级人大常委会在东北地区农业科技创新中发挥作用较为凸显，其他地区则并非表现如此。

表3–11　中央部门和四大经济区域农业科技政策主要发布单位情况　　单位：件

中央部门		东北地区		西部地区		中部地区		东部地区	
农业农村部	102	市级人民政府	20	市级人民政府	81	市级人民政府	52	市人民政府	107
科技部	48	省级人民政府	6	农业厅（农牧厅）	47	省级人民政府	26	农业厅（农委）	46
财政部	13	省农业委员会	4	科技厅	43	农业厅（省农委）	18	科技厅（省科委）	36
国务院（办公厅）	9	省人大常委会	4	县级人民政府	30	科技厅	13	省人民政府	34

注：根据法律法规文本统计分析得到。

（三）农业科技政策类型及总体特征分析

当前学术界关于科技政策工具类型的研究表现出多元化的趋势，其中较早的分析依托于创新模式不同将科技创新政策划分为渐进式、突破式、自发性及适应性创新政策，也有学者通过政策历史演进的阶段性将其分为科学政策、产业政策、企业政策、创新政策和科技政策，还有学者依托罗斯威尔（Rothwell，1981）和泽赫费尔德（Zegveld，1981）将公共科技政策工具的划分引入我国科技政策类型分析中，提出了供给型、需求型和环境型三分法（李健，2016）。此外，丹·布雷兹尼扎和阿摩司·泽哈夫（Dan Breznitza & Amos Zehav，2010）研究则将创新科技政策分为立法监管、技术经济和财政、决议与刺激性方案、公开披露信息4 个内容，本节基于农业科技政策文本的特点，结合研究所要达成的目标，即使用该类划分办法。在农业科技政策所属类型划分中，研究过程中在广泛阅读文献及征求专业意见的基础上，对 958 篇政策文本全文进行了阅读，提取了各文本的关键词，并依据关键词信息对文本内容进行了编码。具体政策类型及主要信息萃取内容包括：（1）立法监管。主要表现为国家的顶层设计、立法及国务院行政规章，如中共中央"关于科学技术体制改革"的决定，全国人民代表大会常务委员会作为立法机关于 1993 年颁布的《中华人民共和国农业技术推广法》以及和农业科技政策有关的国务院令等。（2）技术经济与财政政策。一般由国务院政府组成部门或省级人民政府发布，在全国或一定区域内权威性较强，能就农业科技体制创新过程中的科技成果转化、农业研发财税补助、农业技术引进、农业科技中介机构建设提供宏观层面引导，如 2007 年，农业部、财政部联合其他部委共同启动实施的现代农业产业技术体系建设方案等。（3）决议和刺激性方案。一般表现为激励性的政策安排，措施、计划、规划等，其实践指导农业科技工作的作用较强，落地性较好。如A 市现代农业科技园区建设方案和 B 市关于加快农业科技创新体系建设工作方案的通知等。（4）公开披露信息。本质上这类政策监督力和激励性效果相对较弱，更多表现为指导作用，一般性适用于公开的工作通知、具体方案、表决决议、讲话文稿，如《关于印发 2014～2016 年度Y 市农业科技示范户名单的通知》和《关于发布某年度 M 省农业科技自主创新资金项目申报指南的通知》等。

按照上述分类和设计分析发现，中央部门及四大经济区域总体上看农业科技政策类型以公开披露信息为主，合计数为584件，其次则是决议刺激性方案、技术经济与财政政策，立法监督类政策只有14件，遵循农业科技政策的四个类别的划分，此外还注意到中央部门发布的政策类型主要以技术经济与政策和公开披露信息为准，两者合计超过91%，如表3-12所示，东北地区则以决议与刺激性方案为主，两者合计占到东部地区发文总数的84.21%，中部地区、西部地区、东北地区公开披露农业科技信息的情况较多，这三个区域公开披露信息政策工作的应用在各自区域农业科技政策执行工具总量中的占比均不低于60%，其中中部地区发文中公开披露信息的内容占到了70.52%的比重。

表3-12　　　我国中央部门及分区域农业科技政策工具执行情况

类型	中央		东部地区		中部地区		西部地区		东北地区		政策数量合计
	数量	比例（%）	数量	比例（%）	数量	比例（%）	数量	比例（%）	数量	比例（%）	
立法监管	14	8	0	0	0	0	0	0	0	0	14
技术经济和财政	80	45.71	6	15.79	33	12.31	18	11.84	39	12	176
决议与刺激性方案	1	0.57	13	34.21	46	17.16	33	21.71	91	28	184
公开披露信息	80	45.71	19	50	189	70.52	101	66.45	195	60	584
合计	175	100	38	100	268	100	152	100	325	10	958

注：相应比例数进行了四舍五入，保留至小数点后2位。

结合表3-9和图3-8所示，中央部门和四大经济区域农业科技政策工具类型分布显示，东部地区和西部地区在公开披露信息政策方面的发文量较多，分别为195件和189件，显著高于其他地区，尤其是相对东北地区的19件公开披露信息发布数来说，是其10倍左右；另外东部地区同中央部门在技术经济和财政政策发布量优势较为明显，分别高达

39件和90件，中央部门政策发布量约是西部地区的3倍；西部地区和东部地区在决议与刺激性方案方面的政策发布量上也较突出，分别为46件和91件，接着则是中部地区的33件，最后还需要强调的一点是，立法监督型农业科技政策的颁布主体主要集中于中央部门，但其在中央部门所发布的农业科技政策中的比重并不高，仅为8%。

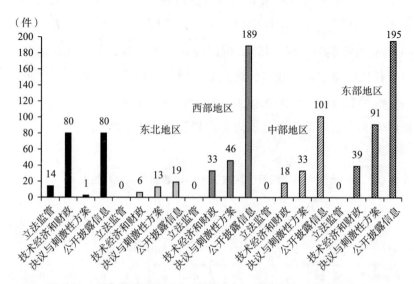

图3-8　中央部门和四大经济区域农业科技政策工具类型分布

第三节　本章小结

本章内容一方面就中国农业科技政策的历史阶段划分及特征进行系统阐述，并在此基础上，另一方面借助于文本分析的方法对农业科技政策的演进过程进行梳理，以期为后文农业科技政策执行效果评判和执行机制优化提供一定的参考借鉴。基于农业科技政策历史演进分析得到的结论主要有：

（1）我国农业科技政策的出台均紧密结合所处时代发展的现实需

要，充分体现了农业科技政策的时代意义。

（2）农业科技政策之间具有历史延续性和革新性，且是主动适应、相互促进的关系。

（3）市场在农业政策执行中发挥的作用不断强化。农业科技领域政策的执行遵循了中国特色社会主义市场发展的规律，在很多方面充分实现农业科技活动与产业活动的有机结合。

（4）农业科技政策参与主体呈现多元化发展趋势。农业科技政策的执行往往是政府部门、科研机构、高等学校、中介机构、农业生产组织和农业从业者等多方共同作用的结果，进入创新驱动现代农业发展的新时期这一趋势更加凸显。

（5）农业科技政策执行机制及效果有待进一步强化。当前农业科技政策体系发展不平衡不充分的矛盾还较为突出，如何优化农业科技政策执行机制设计，加快解决这些现实矛盾尚需要更多的反思和调整。

通过1985年至今农业科技政策的文本分析得出结论如下：

（1）发文量的时序变化。总体上看我国农业科技政策发文情况上呈现倒"V"发展态势，其中2012年政策颁布数量达到峰值。从时序变化的分阶段情况看，有3个明显的发展周期。

（2）从四大经济区域农业科技政策发文情况来看，不同区域政策发文量差异较大，东部地区和西部地区颁布的农业科技政策较多，中部次之，东北地区仅38项；各年度农业科技政策发文方面，总体而言自2000年以来各地区发文量都较密集，至2012年达到了近年的峰值，然同期各区域发文量差异也较大；此外还得知东部地区和西部地区政策发文趋势演进较为趋同，中部地区和东北地区仅从政策发文量来看协同性较弱一些。

（3）机构联合发文情况。从统计分析结果来看，在农业科技政策领域无论是中央部门层面还是地方政府层面联合发文情况都还算比较少见，但总体而言中央部门联合发文频次还算是要显著高于地方政府联合发文频次；论及联合发文机构的构成情况，在中央部门层面农业科技政策联合发文部门常规的组合有农业部门与科技部或与财政部或与国家发改委或与人力资源和社会保障部或农业部门与水利部、林业局等涉农部门等；地方联合发文的情况，则更多以农业农村厅与科技厅、财政厅或农业农村厅与其他涉农部门，部分则表现为省委（市委）与省政府（市政府）等组合形式。

（4）不同地区发文机构的类型分析可知，中央和地方层面农业科技主导部门有重合的情况，但是也并不完全一致。在地方上，主要由市级人民政府和省级人民政府、农业厅（农业委员会）来牵头组织实施本地区的农业科技政策。

（5）当前中央部门及四大经济区域总体上看农业科技政策类型以公开披露信息为主，合计数为 584 件，其次则是决议刺激性方案、技术经济与财政政策，还注意到中央部门发布的政策类型主要以技术经济与政策和公开披露信息为准，两者合计超过 91%，此外东部地区和西部地区在公开披露信息政策方面的发文量较多，显著高于其他地区；另外东部地区同中央部门在技术经济和财政政策发布数量上优势较为明显；西部地区和东部地区在决议与刺激性方案方面的政策发布量上也较突出，最后强调的一点，立法监督型农业科技政策的颁布主体主要集中于中央部门，但其在中央部门所发布农业科技政策中的比重也并不算高。

基于以上结论，在乡村振兴战略加快实施的宏观背景下，为了更好地让农业科技政策服务于现代农业的高质量发展，促成农业发展方式转型，特提出以下对策建议：

（1）鉴于我国农业科技政策推行主体联合程度不够，且往往存在"抢地盘"，导致缺乏统筹、政出多门，进而农业科技政策覆盖面有限，操作性也不强，为了打破这种制度瓶颈，需着力强化政策发布部门的协同配合，增强政策执行的精准性和有效性。

（2）在充分尊重市场规律的基础上，要协调好各类型农业支持政策工具的比例关系，尽可能做到不越位、不缺位、不错位，同时重视社会主义宏观调控机制的优势，促进农业科技发展与现代市场体系的有机融合。

（3）加强农业科技政策执行效果评估及及时调整，一方面要重视起经济效果，另一方面不能忽视支持政策执行的社会、生态效应，此外还要注重信息反馈机制的建立，适时调整农业科技政策支持体系的相关内容。

第四章

中国农业科技政策执行效果评估

第三章内容首先就中国农业科技政策的历史阶段划分及特征进行系统阐述，并在此基础上，借助于文本分析的方法对农业科技政策的演进过程进行梳理，进而对我国农业科技政策历史演进发展阶段、基本规律和典型特征，以及农业科技政策的颁布主体、发文规律、区域差异等进行了全面系统的梳理，明确了我国农业科技政策执行效果的基本面，结合第二章关于农业科技政策执行效果评估的机理分析，本章将主要以农业科技政策执行效果评估的实证分析为主要内容，包括：利用宏观数据就典型农业科技政策的执行效果评判开展机理分析，其次作为连接政策主体和政策客体的信息传导机制，将借助于统计资料开展了农业科技政策知识传播绩效的研究。

第一节　农业科技政策执行效果评估

关于科技政策执行效果的评估，是一个重要的领域，在实践中世界银行还成立有独立的评估机构（Independent Evaluation Group，2010），包括：（1）评估农业知识的影响、科学和技术政策和体制环境；（2）确定存在信息差距重要的地方，以便更有效地开展目标研究；（3）使所有各级的决策者，从小型生产者到制定国际政策的决策者，都能客观地进行最新情况分析；（4）提高发展中国家国民和机构创造、获取和利用促进可持续发展的农业知识、科学技术的能力。在理论层面上，早期研究存在着较多的定性描述性分析，具体包括评估理论框架构建（赵莉晓，2014）、评估体系建设、经验比较借鉴等，而后量化评估的情形越来越多，比较长期的评估方法主要有：柯布－道格拉斯生产函数（彭纪生，2008；程华，2013）、随机前沿分析方法和数据包络分析（Rada，Nicholas E. et al.，2012；张永安，2016；张永安，2018）、计量模型分析（徐喆，2017；毛世平，2019）；ABM 模型（Dimitris Kremmydas，2012）、政策量化（彭纪生，2008）、一般的成本效益分析方法（S. S. Hosseini，et al.，2009）、空间模型（Laura Guti et al.，2018）、建立政策评估指标体系（Briones，Roehlano M. et al.，2012）。目前，关于科技政策效果的定量化分析已经成为常态，同时较多经典的研究多从柯布—道格拉斯生产函数出发来构建计量经济模型，且鉴于农业科技政策系统的庞杂性，为保持研究的客观合理，学者们多会选择其中的一种具体政策开展其效果的评价，如邓海燕（Haiyan Deng et al.，2019）利用中国 103 家农业化学和种子行业主要农业企业的调查数据，评估政府政策对私人生物技术研发投资的影响，并论证了这一影响存在且重要，另外毛世平一文选取了农业科研机构的投入产出数据，并通过建立模型评价农业科技政策创新政策的效果，而盛亚（2015）则就科技人才政策进行了文本的计量分析，劳拉·古蒂等（Laura Guti et al.，2018）分析了哥伦比亚农业部门的技术转移政策，并认为农业部门的技术转让政策与其目标没有明确的联系，由于这些政策具有空间效应，因此必须在整个领土实施这些政策。当然地，杰西卡·鲁德尼克（Jessica Rudnick，2019）将国际发展环境中的网络治理和领导理论与社会网络分析方法相结合，分析政策网络结构等新方法也值得借鉴。

本节研究内容，则依托农业科技投入政策执行的情况，利用柯布—

道格拉斯生产函数构建基于面板的空间计量模型，探讨我国农业科技政策的执行效果评估的路径。相关内容如下。

一、引言

当前和今后一个时期乡村振兴战略都将成为引领农业农村优先发展的重要抓手，而推进乡村振兴的出路在农业科技，活力源泉在于激发主体创新。鉴于创新活动的风险性和不确定性大，以及创新对经济增长和国家竞争力提升的重要性，在鼓励并支持企业探索建立以企业研发力量为核心，大学和科研院所相关研究力量和科技中介服务结构紧密参与的合作创新体系基础上，需要政府从政策层面对创新活动予以引导和支持，包括通过稳步推进改革科技管理制度，落实和完善农业科技创新激励政策。但从农业科技创新政策执行的实际效果来看，我国农业科技成果转化率仍不高，基础和应用基础研究能力和产出仍是短板，且关键核心技术受制于人的局面未根本改变。这表明我国农业科技创新机制建设还不够完善，尚不能完全支撑创新驱动发展和农业农村经济高质量发展的战略需求，与此同时农业发展科技政策执行过程存在"梗阻"现象，还会制约政策的执行效果和政府的公信力，为此农业科技农业科技创新政策体系需持续优化。此外，新一轮科技革命和产业革命正在孕育之中，农业科技政策体系革新充满着时代紧迫性。那么，政府出台和执行什么样的科技政策能够发挥创新的驱动导向作用，激发各创新主体的能动性，进而为农业高质量发展提供原生动力？当前学者们致力于开展农业科技政策执行机制的研究：（1）关于农业科技政策执行的本质目的及其政策演进的内容，其中有关于农业科技政策演进研究，从定性角度进行阶段划分的著述较多，如黄敬前（2014）以中华人民共和国成立来农业科技发展相关规划为主线，连同相关的政策文件，将中国农业科技发展分成"基础奠定""消弱""恢复建设""改革创新"四个阶段，而近年来，学者们倾向于使用文本分析手段对农业科技政策演进状况进行系统梳理（李容容等，2018），还有学者使用量化政策的结果构建计量经济模型（毛世平等，2019）。（2）关于农业创新政策工具设计及选择逻辑机理分析。鉴于政府促进创新的政策选择是多样的，科技创新政策的安排也应呈现出多元性（Rothwell & Zegveld，1985），比如供给类、需求类和环境类创新政策工具（蔺洁，2015），田进、谢长青（2018）也采用这一分类方法。在政策体系演变过程中，创新主体激励政策的选择受到多重因素的影响，包括企业所处的发展阶段的不同（闻媛，2009）、政府目标、交易成本（湛中林，2015）、创新主体行为逻辑和特征等。具体到农业科技政策领域，中国的农业科技政策具有面向小农的政策属性，但并不是以改善小农生计为导向的，因此"以农民为中心"的思想应当成为当前农业科技政策变革的首要原则（李小云等，2008），实际上农业科技政策的执行在不同类型农民内部也存在着不同，还有学者将视角聚焦到农业部门，其中德尔加多等（Delgado，C. et al.，1994）通过哈格布尔和哈泽尔半输入输出模型考察了农业技术和政策改革促进非洲农村部门间的增长的联系。尽管国内外学者对创新政策工具的选择进行了较为系统深入的研究皮尔吕奇·思亚诺（Pierluigi Siano，2014），还是少有文献从创新主体行为逻辑和特征的角度去探究创新主体激励政策的需求的种类、需求的内容、需求的强度、需求的时间和需求优先次序。事实上，创新政策工具研究的主题较为分散，政策工具与政策主体、政策环境的适配性研究应成为未来研究的努力方向（黄曼，2016）。（3）关于科技创新政策执行作用机制、效果及优化路径演进，政策工具是践行政府责任的客体，从一个较长的历史时期看，政府责任的具体类型依托于"政策价值—政策目标—政策工具"的路径发生迁移甚或是范式转移（黄俊辉，2015），科技创新政策工具选择也遵循着一定路径依赖的分析框架。在农业科技政策执行效果方面，定性评判较多（刘冬梅，2013），在定量研究层面上相关研究主要采用的是相应的农业经济指标来评价，如周陈曦（2009）分析了农业政策相关变量对水稻生产的影响，并获得了农业税收对水稻总产的贡献率为负的结论，也有少数研究从政策测量的角度对农业科技创新政策本身开展量化评估（毛世平等，2019），此外毛世平一文中还借助于农业科技机构的经验证据，实证分析了我国农业科技创新政策的效果。在创新激励政策优化方面，余剑（2015）认为当前我国发展战略性新兴产业的政策措施存在"供给端有余""需求端不足"的不对称性，因此需在需求端加以重点关注。总体来说，可以发现当前有关于科技政策的研究是多角度和多方面的，其中在国内外创新政策制度环境与变迁、主体创新模式、创新政策选择、单项创新激励政策绩效等方面着墨较多，形成了一系列有益的观点结论，尤其在科技创新政策体制机制设计方面持续保持在前沿热点领域。但值得注意的是，聚焦到农业科技创新政策执行效果及执行机制优化的研究方面，还有较多的问题尚待继续研究：（1）系统挖掘农业科技创新政策的演进，明确创新政策特征、趋势及存在的问题；（2）开展农业科技创新政策执行效果及执行机制优化的理论逻辑框架构建，如理论上进一步探索创新政策需求方的创新行为机制、创新需求方协同激励政策设计和作用机制（Minna Allarakhia et al.，2010）等问题；（3）此外，当前农业科技政策工具设计、选择和应用中各主体的利益协调机制、政策工具适配与有效性评价、政策工具组合与优化等也需要重点关注。

在此前提下，非常必要对我国不同创新情境下的农业科技政策执行及动态调整情况进行系统总结梳理，从历史与现实维度上明确其演变特征、趋势及不足，并对不同类型的农业科技创新政策执行效果开展科学评估，进而调整农业科技政策的目标定位，创新农业科技政策体系，优化农业科技政策执行机制，提高农业科技政策执行的效率。当然地，除此以外这些问题同时需要深入思考：（1）农业科技政策执行效果评估与执行机制优化的理论机理分析框架的设计应如何开展？（2）农业科技政策执行效果和机制优化策略中，如何界定政策的执行目标和路径？（3）中国农业科技政策执行效果如何？执行效果的影响因素都有哪些？（4）有什么典型经验可以借鉴，如何落地和本土化？上述这些方面既是本研究选题的部分缘由，部分思考也构成了本节研究的重要内容。

二、农业科技政策执行效果评估的机理

（一）分析框架构建理论基础

农业科技政策执行效果评估的机理分析依据的理论主要包括：（1）政策执行理论，该理论经历了自上而下、自下而上、综合路径三种研究阶段或范式的演进（陈丽君，2016；金东日，2017），且组织、网络、制度分析等，其中，政策执行的主体—政府官员的研究一直是一个重点领域。中国政策执行理论，目前已大致形成了"政治动员模型""博弈模型"等理论模式（寇浩宁，2014），而且基于政策客体或对象或受众的研究愈发得到重视（邓顺平，2015；李明，2016）。本节在研究中更多地将农业科技政策执行的过程作为一种组织活动，研究该组织活动的信息传导机制、效果评价、反馈及调整优化机理；（2）政策激励理论，即研究如何调动人的积极性的理论，农业科技政策的激励作用机理表现为：通过政策信息在政府部门、农业生产部门、农业服务部门和农业从业者之间的传播和导向，实现农业发展有效性和可持续性；（3）产业发展理论，农业科技政策的执行往往有着明确的政策目标，但产业发展的成效问题往往是关键所在和核心目标。研究在进行农业科技政策执行效果评价时，即将依托宏观统计数据重点分析典型农业科技政策执行的产业发展效果，以此作为农业科技政策执行效果评估的重要方面。

（二）分析框架推演过程

借助政策执行、激励、产业发展等理论，开展农业科技政策执行作用机制机理的分析及理论框架的推演。比较显见的事实在于，农业科技政策的执行过程并不能直接作用于农业经济增长，而是借助于具体政策工具执行，在有效的传播媒介帮助下，激发能动主体和其他要素创造力，进而实现了农业产业发展。农业科技政策执行的作用机制总体上通过"政策实施—政策激励—行为优化—产出变化"路径来实现，具体实现形式有：第一类作用路径为农业科技政策执行机制发挥作用的较为直

接的路径，往往影响着农业生产力发展方式的转变，表现为"政策实施→政策激励→农业科技创新→技术溢出效应→农业技术进步→农业增长方式转变→农业经济增长"。第二类作用路径为农业科技政策执行机制发挥作用的常规路径，一般影响着农业的生产关系的调整，因此作用过程相对较慢，表现为"政策实施→政策激励→资源配置方式→现代市场体系建设→产业化经营水平→农业产业效益提高"。第三类作用路径也是农业科技政策执行机制发挥作用的常规路径，一般也影响到生产关系调整，但基于相关产权制度建立较晚，其作用发挥的有效前提依赖于产权制度建立的完备与否。表现为"政策实施→政策激励→产权制度变革调整（制度创新）→农业发展方式转变→农业（生产力）发展"（见图4-1）。

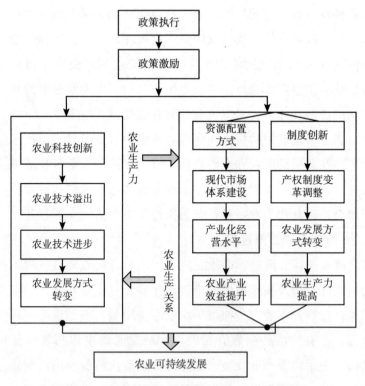

图4-1　农业科技政策工具执行作用机制的路径

科技对于农业发展的重要性不言而喻，而农业科技本身具有公共品属性。为了强化现代农业法发展的科技支撑，我国政府也陆续出台了一系列农业科技支持政策。那么农业科技政策对农业发展有何种影响？通过哪些途径促进现代农业发展？本节将厘清农业科技政策对农业发展的作用机理，为后文实证分析农业科技政策对农业发展的影响以及检验农业科技政策的实施效果奠定理论基础。农业科技政策对农业发展的作用机理可以归纳为"政策激励—技术进步—农业发展"，具体如图4-2所示。

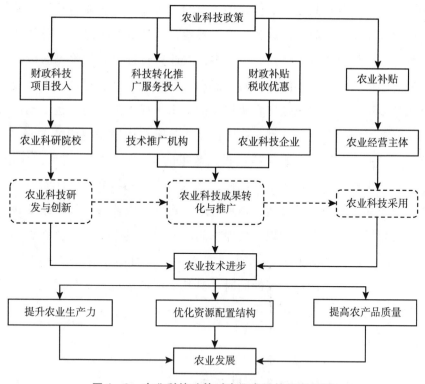

图4-2　农业科技政策对农业发展的作用机理

农业科技政策贯穿"农业科技研发与创新—农业科技成果转化与推广—农业科技应用"整个环节且发挥了积极作用，从而促进了农业科技进步。第一，政府部门通过对农业科研院校提供财政科技项目投入，激励农业科研院校进行农业科技研发与创新。第二，政府部门向农业科技推广机构提供科技转化推广服务投入，同时对农业科技企业提供财政补贴、税收优惠，从公共服务和市场两个方面推动科技成果转化与推广。第三，政府部门通过农业补贴等手段促进农业经营主体采用先进科学的生产技术。农业技术进步可以通过提升农业生产力、优化资源配置结构和提高农产品质量等途径推动现代农业发展。

如前所述，农业科技政策执行的作用机制通过"政策激励—技术进步—农业发展"路径来实现，以农业科技政策体系中典型的农业科技投入政策为例，分析其政策执行效果产生的具体过程。农业科技投入政策执行绩效往往需要放入宏观范畴进行考察，其绩效产生过程与总体的社会经济发展状况高度关联。通俗来讲，农业科技投入政策将刺激能动要素和其他物力资源在不同地区间的流动，并通过示范、竞合、人力资本流动等多种媒介，促成区域农业科技创新水平提高的同时，也驱动区域农业经济可持续发展，这是农业科技投入政策作用过程的积极方面，与此同时，不容忽视的是农业科技投入政策的实施也存在一定负面作用，鉴于农业科技创新存在一定外部性，是一种准公共物品，因此农业科技投资活动存在搭便车的可能，某种程度上降低了农业科技投入政策执行的积极效果，随着农业知识产权保护制度的逐步健全，这一负面影响正逐步改善，此外农业科技投入政策实施短期内可能还存在"虹吸"效应，在促成本地区产业发展的同时，对其他区域形成一定发展压力。总体来看，农业科技投入政策执行积极方面更多，是农业科技政策体系构建关键内容。

三、主要研究方法和数据说明

（一）主要方法

本节以格雷切斯和杰夫（Grilliches，1979；Jaffe，1986）提出的知识生产函数为基础，建立农业科技投入政策执行效果的计量模型。第一步，引入生产函数原始形态，其公式为：

$$Y = F(X_1, X_2, \cdots, X_n, t) \qquad (4-1)$$

式（4-1）中，t 表示时间因素，将农业科技投入政策作为助推地区农业经济发展的重要因素纳入方程中，并预设生产要素投入产出弹性之和不局限为 1，进而可将 Cobb - Douglas 函数扩展为：

$$Y = AR^{\alpha}X^{\beta} \qquad (4-2)$$

式（4-2）中，Y 为农业产出，R 为农业科技投入，X 为农业生产常规投入要素，A 为常数，表示全要素生产率，α、β 表征的是各变量产出弹性系数。为尽可能消除时间异方差性对结果的影响，对式（4-2）两边取对数，进而得到：

$$\ln Y = \alpha \ln R + \beta \ln X + \ln A \qquad (4-3)$$

前述论述显示，农业科技投入政策在推动本区域内产业发展的基础上，也会通过技术溢出、知识溢出等形式对其他地区农业产业发展形成积极影响，进而通过区域间的互动，最终形成农业科技投入政策执行的叠加效果，为此在农业科技投入政策执行效果评估计量模型构建中要充分考虑区域内外部相关因素的相互作用的影响，即纳入交互项。在此基础上得到空间杜宾面板数据模型，具体式子为：

$$\ln Y_t = \rho W \ln Y_t + \alpha \ln R_t + \gamma W \ln R_t + \beta \ln X_t + \lambda W \ln X_t + \ln A + u_n + u_t + \varepsilon$$

$$(4-4)$$

式（4-4）中，Y 表示农业产出向量，R 为农业科技投入政策向量，X 为自变量向量（含控制变量），W 表示空间权重矩阵，$W \ln Y$、$W \ln R$ 与 $W \ln X$ 分别表示农业产出、农业科技投入政策和解释变量空间滞后项，$\ln A$ 表示的是常数项，ρ 表示空间自相关系数，表征观测值中固有的空间依赖性，α、β、γ 和 λ 分别是待估系数，ε 表示随机项，u_n 表征空间的固定效应，u_t 表征时间的固定效应，当两者均不存在时则是随机效应，实证分析中可使用 Hausman 检验方法对随机效应进行检验。

（二） 数据说明

1. 农业科技投资存量估计

本节主要定量分析中国科技投入对农业经济增长的效应，在此之前需要说明的是：农业科技投入政策效果的发挥存在时间滞后的特性，而且不同的科技创新活动政策效应发挥的时滞差异较大。因此，在开始后续论证前，需明确我国农业科技投入政策执行的时滞问题。有关科技投入对经济发展的时滞特征，国内学者进行了相应研究，并且适用于中国农业科技创新情境（樊胜根，1997；樊胜根，2002；赵芝俊，2005等）。结合上述学者的研究结论，文中将农业科技投入政策效益的滞后期设定为8年，峰值设置在第6年，并据此模拟了滞后曲线图，得出了滞后的权重（赵芝俊，2005）。某年产出经济效益的农业科技投入量为包括当年度在内的前八年当年科技投入实际值分别乘以相应滞后权重的和。举个例子，2006年产生农业经济效益的科技投入存量 $R2006$ 为：

$$R_{2006} = 0.16r_{2006} + 0.20r_{2006} + 0.23r_{2006} + 0.19r_{2006} + 0.13r_{2006}$$
$$+ 0.06r_{2006} + 0.02r_{2006} + 0.01r_{2006} \qquad (4-5)$$

式（4-5）中，$r2006$ 是2006年当年的科研投资现值，其余类推。

基于数据统一性和可获得性的考虑，本节实证研究选取的时段为2002～2017年，其中农业科技投入量用农业科研机构经常性收入表示，数据来源于历年《全国农业科技统计资料汇编》和《中国科技统计年鉴》，由于农业科技投入经济效益发挥时滞较长，在搜集农业科技投入实际数据值时，为统一口径，仍将重庆市合并到四川省中进行分析。此外，为消除价格波动因素影响，以2002年基年的消费者物价指数对以货币为单位相关变量的原始数据做了平减处理。

2. 空间权重矩阵设定

空间权重矩阵作为实际观测数据到空间计量模型的映射使得空间溢出效应的量化成为可能（张可云，2017），而开展农业科技投入政策执行效果的空间计量经济模型分析，则是以设置可行的空间权重矩阵为其前置条件，一般情况下空间权重矩阵的选取需要考虑区域空间引力效应，并结合地理区域和社会经济状态指标，进而构造动态性的引力空间权重矩阵（李立，2015）。虽然表达空间交互结构的权重矩阵构建的方法诸多且在应用上还存在差异，但通过权重矩阵转换实现对不同区域间地理空间效应的考察，及从空间截面到空间面板权重的转换被认为是必要的（王守坤，2013）。鉴于我国农业科技创新环境及对农业科技投入与农业经济增长方面空间特征的考虑，分析中设置了表达空间相邻接关系和地理距离权重这两种矩阵形式。

3. 变量选取

因变量。农业产出：选择农林牧渔增加值表示各省份（省、自治区、直辖市，不含港澳台地区）的农业经济产出，并以 2002 年为基年的农林牧渔增加值指数对数据做了平减处理，数据来源于 2002～2018 年《中国农村统计年鉴》。

一般性生产性要素。主要是农业产业发展的常规性投入资源，主要有土地资源、劳动力资源、资本。关于土地资源投入，一方面耕地资源紧张的区域往往倾向于更多使用现代农业技术来提高单位产出效益，进而对农业科技投入有潜在需求；另一方面，耕地资源丰富的地区，适合规模化农业作业，重视农业技术成果的采用，进而促进农业科技投入发挥作用。因耕地数据在 2009 年二调前后的调查标准、技术方法发生变化，导致关于耕地的统计数据变动较大，为此研究中选择各地区农作物播种面积衡量土地资源投入。关于劳动力资源投入。农业科技投入对劳动资源利用效率的提升作用是不言而喻的，既可以通过农业技术的应用弥补农业劳动力投入不足的问题，还可以实现劳动力资源的节约使用，促进剩余劳动力向非农产业进行转移。当然，农业科技投入对农业劳动生产率促进作用的发挥往往还受到农业生产规模等因素的影响，一般在生产规模越大的情境下，农业生产借助于现代农业技术、装备的可能性更大，进而提高了产出率水平。研究中选取各地区乡村人口数衡量劳动力资源的替代性指标。关于资本投入，随着我国农业发展全面步入以机械作业为主的新时代，作为资本投入农业发展的重要构成内容，农机物质装备往往与适用农业技术推广结合在一起，形成对农业发展转型的重要支撑。文中选择各地区农业机械总动力来衡量农业生产资本投入的表征指标。土地资源、人力资源、资本等要素的原始数据来源于 2002～2018 年《中国农村统计年鉴》《中国人口与就业统计年鉴》《中国统计年鉴》。

控制变量：自然资源禀赋、地区农业科技基础条件。自然资源禀赋是农业生产最基本的物质基础，不同区域由于气候、水资源、地形地貌资源不一对农业科技的承接力和需求也存在较大差别。一般自然资源禀赋较好的地区，其农业新技术、新品种接纳能力高，进而农业科技投入的经济产出更高，相反受资源禀赋制约的地区，如多山地区不适用大田农作机械和方法推进农业机械新技术，与农业机械装备科技投入政策发挥作用的约束就更多一些。基于数据可得性，本书选择各地区农作物成灾面积来作为评判自然资源禀赋的指标，相关数据来自 2003～2018 年的《中国农村统计年鉴》。此外，农业科技发展的基础条件是进行农业科技创新活动的有效前提，较大程度上展现了各地区的农业科技创新能力。一般来说较好农业科研基础，一方面是前期农业科技投入对科研工作条件与基础设施的不断累积，另一方面也是后续农业科技持续投入、不断提升科技研发绩效的重要平台。一个地区内农业科研机构集中了较多从事农业科技创新活动的人员、经费、物资设备等农业科技资源，通过对农业基础研究、应用研究、开发研究等不同研究领域给予农业科技资源分类管理，使得农业科研机构成为该地区面向前沿的农业科技成果的重要产出单位。事实上，要提升农业科技活动的经济产出，离不开各地区农业科技基础条件支撑，及对农业科研机构的持续支持。有鉴于此，本研究中选取了各地区农业科研机构数（个）来表征地区农业科技基础条件。各地区农业科研机构数的数据来自 2003～2018 年的《全国农业科技统计资料汇编》。

四、实证分析过程

一段时期以来，主流经济研究范式一般认为空间事物无关联或进行均质性假定，以及 OLS 模型估计应用中普遍无视空间效应问题，使得模型应用存在设定偏误，致使研究结论不完整、科学，解释力减弱。空间计量模型一般使用步骤为：第一步，使用 Moran 指数检验因变量是否存在空间自相关性；第二步，如果存在空间自相关性，则依托空间计量经济学相关理论，构建空间计量模型，并进行相关估计和检验；第三步，即模型估计结果分析。

（一）空间相关性检验

遵照这一逻辑，为实现农业科技投入政策执行效果评估，书中选用全域 Moran's I 指数用作空间相关性的检验分析。其计算公式为：

$$I = \frac{n}{\sum\limits_{i=1}^{n}\sum\limits_{j=1}^{n}W_{ij}} \cdot \frac{\sum\limits_{i=1}^{n}\sum\limits_{j=1}^{n}W_{ij}(x_i - \bar{x})(x_j - \bar{x})}{\sum\limits_{i=1}^{n}(x_i - \bar{x})^2} \qquad (4-6)$$

式（4-6）中，n 为是地区总数（本书是 31 个）；x_i、x 分别是第 i、j 个省份观测值；$\bar{x}$ 为全国观测值的平均值；W_{ij} 为空间权重矩阵。Moran's I 指数可看作是各地区观测值的乘积和，其取值范围为 $[-1, 1]$，若各地区间农业经济增长为空间正相关，其值会较大；负相关则较小，当 Moran's I 值为 0 时，则地区间相关观测值不具备空间相关性。

Moran's I 指数计算结果，可采取正态分布假设进行检验 n 个地区是否存在空间自相关关系，其标准化形式为：

$$Z = \frac{I - E(I)}{\sqrt{\mathrm{VAR}(I)}} \qquad (4-7)$$

式（4-7）的 $E(I)$ 与 $\mathrm{VAR}(I)$ 分别表示的是正态分布全域 Moran's I 指数的期望值和方差。

文中使用基于空间邻接的权重矩阵来计算中国 2002～2017 年农业

经济增长（lnGDP）的全域 Moran's I 指数，若两省份相邻则矩阵中取 1，否则取 0。使用 OpenGeoDa 软件计算相关结果详见表 4 - 1。可以从 2002 ~ 2017 年的农业经济增长的全域 Moran's I 指数的正态统计量 Z 值均在 10% 水平上显著，具有较强的空间相关性，表明我国各地区在农业经济增长行为上具有空间关联性。另外，各地区农业经济增长的全域 Moran's I 值一直保持在 0.14 以上，表明各地区经济发展具有集聚趋势。从时间演进状况来看，Moran's I 值在不同年份间波动较为频繁，但总体 Moran's I 值呈略微下降，从 2002 年的 0.2208 下降至 2017 年的 0.1454，这一定程度表明中国农业经济增长的空间集聚效应减弱，各地区农业产业经济增长总体空间分布趋于分散。

表 4 - 1　　　2002 ~ 2017 年中国农业经济增长 Moran's I 指数及 Z 值情况

年份	lnGDP		
	全域 Moran's I 指数	Z 值	P 值
2002	0.2208	2.3281	0.019
2003	0.1773	1.8124	0.046
2004	0.1828	1.9349	0.040
2005	0.1660	1.7490	0.053
2006	0.1714	1.8538	0.037
2007	0.1446	1.5388	0.071
2008	0.1584	1.6171	0.070
2009	0.1836	1.9281	0.034
2010	0.1716	1.8684	0.038
2011	0.1579	1.6595	0.059
2012	0.1407	1.4308	0.090
2013	0.1438	1.4962	0.072
2014	0.1509	1.6235	0.060
2015	0.1604	1.7916	0.047
2016	0.1637	1.6315	0.061
2017	0.1454	1.5250	0.073

注：全域 Moran's I 指数和 Z 值数据进行了四舍五入。

接着为考证农业科技投入政策执行下，中国各地区农业经济增长的空间集聚特征，本书依然借助于空间计量软件 OpenGeoDa 绘制了 2002 年、2008 年、2012 年和 2017 年 4 个年度的中国农业经济增长 Moran 散点图，同时还利用局域 Moran 散点图对各地区局部空间关联性进行分析。按照莫兰指数识别一个区域及相邻区域经济行为关联关系判断规则，第一象限为"高—高"集聚，第四象限为"低—低"集聚，均呈现为正的空间相关性；第二象限为"低—高"集聚，第四象限为"高—低"集聚，均呈现为负的空间相关性。由表 4 - 2 和图 4 - 3 可以看出，总体上 2002~2017 年中国各地区农业经济增长在"高—高集聚"和"低—低集聚"两种关联关系中分布较多，"低—高集聚"也是一种常见的关联关系状况，且 16 年间各地区相应考察属性的空间关联关系较为稳定，其中 2002 年 31 个省份中，其中 13 个省份位于第一象限，10 个省份位于第三象限，两者合计比重占到观测省份数的 74.19%，一定程度上说明多数省份农业经济增长过程存在空间上的正相关关系，另外 8 个省份则呈现为空间的负相关；2008 年，则有 12 个省份位于第一象限，9 个省份位于第三象限；2012 年，有 11 个省份位于第一象限，9 个省份位于第三象限；2017 年，有 11 个省份位于第一象限，9 个省份位于第三象限。

表 4 - 2　　2002~2017 年各地区局部空间农业经济增长关联关系分布

年份	高—高集聚	低—高集聚	低—低集聚	高—低集聚
2002	13	7	10	1
2003	12	7	11	1
2004	12	8	10	1
2005	12	8	10	1
2006	12	8	10	1
2007	12	10	8	1
2008	12	8	9	2
2009	14	7	8	2
2010	12	9	9	1

续表

年份	高—高集聚	低—高集聚	低—低集聚	高—低集聚
2011	12	9	8	2
2012	11	9	9	2
2013	11	8	9	3
2014	12	8	9	2
2015	12	8	9	2
2016	11	8	9	3
2017	11	8	9	3

注：图中部分散点近乎重合。

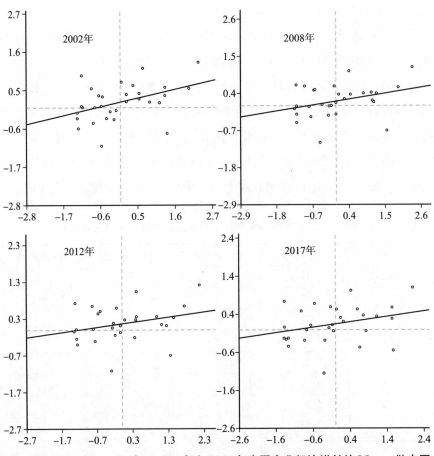

图4－3　2002年、2008年、2012年和2017年中国农业经济增长的 Moran 散点图

（二）模型的估计及检验

上一小节已经证实，中国农业科技投入政策执行过程中各地区相应观察属性的空间自相关性是存在的，因此可以借助空间计量经济学理论构建空间计量模型，然而在进行空间计量模型估计时需要进行必要的检验，一般而言先需要对非空间面板模型进行豪斯曼检验判断是用固定效应模型还是用随机效应模型来进行估计。需要说明的是空间计量模型的相关检验和估计过程，为消除变量量纲不一致和减少数据异方差的影响，实证分析过程对各变量做取对数的处理。基于此，豪斯曼检验结果为 17.1061，P 值为 0.1945，因此不能选择拒绝原假设，应选择随机效应模型来进行估计。其次，为确定空间计量经济模型索要采取的具体形式，安瑟兰（Anselin，2005）的研究认为需借助 LM - Lag 和 LM - Error，及相应的 Robust LM - Lag 和 Robust LM - Error 的几项内容，进而在两种空间计量经济模型间进行选择。第一步，需判断 LM - Lag 和 LM - Error 的显著性，若两者中只一个显著，则需选择相对应的模型，即若 LM - Lag 显著就选择空间滞后模型，若 LM - Error 显著就选择空间误差模型。若两者都显著，下一步则需比较 Robust LM - Lag 和 Robust LM - Error 的显著性，最后选择 Robust 指标中较显著的那个模型。

从表 4 - 3 可看出，无论是基于空间邻接权重矩阵还是地理距离权重矩阵，LM - Lag 和 LM - Error 的显著性两个检验值均在 1% 水平上显著，因此可拒绝原假设，表明农业科技投入政策执行对周边地区农业经济产出存在较大影响，具体按照安瑟兰（2005）提出的空间计量模型选用规则，LM - Lag（Robust）显著性较 LM - Error（Robust）更高，因此空间滞后模型是较优选择。在此基础上，尚需要借助具有空间和时间特定效应的空间杜宾模型的 Wald 统计量和 LR 统计量，来检验并判别空间杜宾模型能否可以简化为空间滞后或空间误差模型，如果两个假设检验都被拒绝，则空间杜宾模型作为较优选择（Lesage，2009）。相应检验后发现空间杜宾模型能够实现中国农业科技投入政策执行绩效的计量分析，其中以双向固定效应形式为例，无论选择空间邻接矩阵还是选择地理距离矩阵，Wald-error 检验和 LR–error 检验均在 10% 水平上通过显著检验，同时 LR–lag 和 Wald-lag 检验也通过了 1% 显著性水平检验，因此拒绝两个原假设，模型应选择空间杜宾模型。此外，在选择双向固定效应形式下，空间邻接矩阵和地理距离矩阵的空间固定模型拟合优度均在 0.90 以上，因此可选用其进行研究。

表 4–3　　　　　　　　　　　LM 和稳健 LM 检验

矩阵类型	指标	LM 滞后（Anselin）	LM 滞后（Robust）	LM 误差（Burridge）	LM 误差（Robust）
空间邻接权重	检验值	32.3850	18.2413	16.9448	2.8011
	P 值	0.0000	0.0000	0.0000	0.0940
地理距离权重	检验值	82.4382	59.9871	22.4917	0.0406
	P 值	0.0000	0.0000	0.0000	0.8400

（三）基于空间模型的测算结果

1. 空间回归估计结果

通过前述检验分析，研究中确定选择双向固定效应形式的空间回归模型用于分析，由于空间杜宾模型引入了空间权重矩阵，能较好解决中国农业科技投入政策执行下农业经济增长影响因素的遗失变量和内生性问题，同时考虑了时空滞后项问题。回归估计结果见表 4–4。

表 4–4　　　　　　　　　　　模型的回归结果

解释变量	基于空间邻接权重矩阵			基于地理距离权重矩阵		
	回归系数	T 统计值	Z 概率	回归系数	T 统计值	Z 概率
Ln 土地	0.0499*	1.9444	0.0518	0.0597**	2.2630	0.0236
Ln 劳动	-0.0802*	-2.1103	0.0348	-0.0631*	-1.7188	0.0856
Ln 资本	0.1478***	4.1923	0.0000	0.1931***	5.8146	0.0000
Ln 科技投入	0.0513**	2.1849	0.0289	0.0387	1.4693	0.1418

续表

解释变量	基于空间邻接权重矩阵			基于地理距离权重矩阵		
	回归系数	T 统计值	Z 概率	回归系数	T 统计值	Z 概率
Ln 科技基础条件	− 0. 1571 ***	− 4. 9318	0. 0000	− 0. 2007 ***	− 6. 3001	0. 0000
Ln 自然资源禀赋	− 0. 0166 **	− 2. 0793	0. 0376	− 0. 0151 *	− 1. 9566	0. 0504
W × Ln 土地	0. 0409	1. 1384	0. 2550	0. 0906	0. 7757	0. 4379
W × Ln 劳动	0. 1916 **	2. 4159	0. 0157	2. 2732 ***	6. 2613	0. 0000
W × Ln 资本	0. 4513 ***	6. 6100	0. 0000	0. 9691 ***	5. 1250	0. 0000
W × Ln 科技投入	− 0. 0371	− 0. 7717	0. 4403	− 0. 2332	− 1. 1451	0. 2522
W × Ln 科技基础条件	0. 0524	0. 8398	0. 4010	− 0. 1266	− 0. 6258	0. 5315
W × Ln 自然资源禀赋	0. 0006	0. 0417	0. 9667	− 0. 0057	− 0. 1192	0. 9051
W × dep. var.	− 0. 0180	− 0. 2910	0. 7711	− 0. 1689	− 1. 1582	0. 2468
Log-likelihood	432. 0698	432. 0810				

注：*** 、 ** 、 * 表示通过 1% 、5% 和 10% 的显著性水平。

从基于空间邻接权重矩阵和地理距离权重矩阵模型的似然比来讲，两个模型的拟合效果尚可，且基于地理距离权重矩阵设定的回归模型拟合度略高。

从相关自变量的影响方向及显著性水平来看，农业科技投入、土地资源投入、资本投入、滞后资本等变量对农业经济增长基本存在显著且正向的影响，总体上表明农业科技投入政策对各地区农业产业发展存在正的外部性，相邻省份的农业科技投入对本地区农业经济增长也有促进作用，以空间邻接权重矩阵设定来说，其回归系数为 0.0513，农业科技投入每增长 1%，将带来农业经济增长 0.0513%。与此同时，劳动力资源投入对农业经济增长显著为负，以空间邻接权重矩阵设定为例，其中劳动力每增长 1%，将带来农业经济增长下降 0.0802%，这一定程度上表明农业劳动力要素投入配置不太合理，需加强产业结构调整，引导农业剩余劳动力加快转移步伐。此外，农业科技基础要素的回归系数显著为负可能与当前农业科技机构等资源配置主要集中在城市经济较强的省份，如北京市、上海市、广东省等，但上述省份往往农业经济的比重较低，农业科技投入政策影响相对有限有一定关系。

2. 农业科技投入政策执行效应分解及具体分析

基于双向固定效应的空间杜宾模型，运用直接效应和间接效应分解的估计方法来评估中国农业科技投入政策执行对各地区农业经济增长的影响极其空间效应，能为农业科技政策制定和革新提供经验支持。其中直接效应衡量的是解释变量对本区域农业经济增长的影响，而间接效应主要用于检验某地区相应自变量对邻近地区的潜在影响是否存在，即空间溢出效应存在与否。模型的估计结果见表 4 - 5 和表 4 - 6。

表 4 - 5　基于空间邻接权重的农业科技投入政策对农业经济增长空间效应分解

权重	解释变量	总效应	t 值	直接效应	t 值	间接效应	t 值
空间邻接权重矩阵	Ln 土地	0.0915 **	2.3529	0.0498 *	1.8234	0.0417	1.0792
	Ln 劳动	0.1110	1.2213	- 0.0812 *	- 2.0090	0.1921 **	2.2077
	Ln 资本	0.5993 ***	9.0286	0.1453 ***	4.0424	0.4539 ***	6.5323
	Ln 科技投入	0.0125	0.1894	0.0513 *	2.0218	- 0.0388	- 0.7414
	Ln 科技基础条件	- 0.0980	- 1.2184	- 0.15756 ***	- 4.581	0.0595	0.8515
	Ln 自然资源	- 0.0165	- 0.9911	- 0.0163 *	- 1.9631	- 0.0002	- 0.0125

注：*** 、** 、* 分别表示在 1%、5% 和 10% 水平上显著。

表 4 - 6　基于地理距离权重的农业科技投入政策对农业经济增长空间效应分解

权重	解释变量	总效应	t 值	直接效应	t 值	间接效应	t 值
地理距离权重矩阵	Ln 土地	0.1305	1.3352	0.0579	2.1856	0.0725	0.6776
	Ln 劳动	1.9013 ***	5.1625	- 0.0789 *	- 1.9897	1.9802 ***	5.3837
	Ln 资本	1.0057 ***	5.8842	0.1857 ***	5.5172	0.8199 ***	4.6170
	Ln 科技投入	- 0.1621	0.8487	0.0412	1.5908	- 0.0203	- 1.1503
	Ln 科技基础条件	- 0.2711	- 1.4991	- 0.2007 ***	- 6.3872	- 0.0704	- 0.4010
	Ln 自然资源	- 0.0185	- 0.4404	- 0.0148	- 1.8434	- 0.0038	- 0.0871

注：*** 、** 、* 分别表示在 1%、5% 和 10% 水平上显著。

（1）农业科技投入政策执行效果分析

农业科技投入政策的执行在空间邻接矩阵的设定下，总体而言对农业经济增长有促进作用，其中总效应水平为 0.0125，直接效应是 0.0513 且通过了 10% 显著性水平上的检验，表明就各地区而言，农业科技投入每增加 1 个百分点，本地区内部农业经济会增长 0.0513%，从效应水平上看来这与赵芝俊（2005）和李强（2011）等人的研究结论相符。与此同时，在地理距离权重矩阵设定下，农业科技投入政策执行对农业经济增长的总效应为负，但回归系数并未通过显著性检验，一定程度上表明农业科技投入随着各地区地理距离的增加，相应其空间效应有所减弱，这与农业科技政策执行尚存在一定的空间阻隔有关，从地理距离矩阵的农业科技投入直接效应为正、间接效应为负也表明农业科技政策对本地区农业经济增长支撑作用更为明显。另外，论及两种空间权重矩阵设定下的农业科技投入政策的间接效应问题，分析发现其均表现为负向影响，回归系数分别为 -0.0388 和 -0.0203，表明各地区农业科技投入政策每增加投入 0.0388 和 0.0203 个百分点，将使邻接地区农业经济增长分别降低 0.0388 和 0.0203 个百分点，这表明农业科技投入政策执行过程中也存在一定的"虹吸效应"，因此一方面要加强农业科技政策体系的建设，另一方面还要借助于有效统筹规划方式实现农业科技投入政策资金等的优化配置。此外，基于空间邻接权重矩阵，农业科技投入政策执行绩效降低的较多，表明农业科技政策实施的"虹吸效应"在邻接地区间表现得更为明显，可以预见伴随着信息技术的普及及交通状况的改善，在未来地理距离的隔阻可能对农业科技政策执行效果的影响将减弱。

（2）其他因素的影响

土地资源投入。土地资源投入的总效应、直接效应和间接效应均为正，其中空间邻接权重矩阵设定下该观察因素的系数分别为 0.0915、0.0498 和 0.0417，且总效应和直接效应系数均通过显著性检验，地理距离矩阵设定下该观察因素的系数分别为 0.1305、0.0579 和 0.0725，但均没能通过显著性检验。然后，仅从各地区土地资源投入要素对农业经济增长的影响方向上看，土地资源的投入增长依然是各地区农业经济增长的积极因素，这在空间邻接权重设定下表现得更为明显，如在该矩阵下，各地区土地资源投入每增加1%，将推动地区内部农业经济增长0.0498%；另外，地理距离矩阵设定下该观察因素的各系数影响方向为正但未通过显著性检验，可能的原因在于土地资源的地理位置固定不变且数量往往相对稀缺，这一方面说明该要素的配置受各地区地理距离的影响较弱，另一方面其变动的弹性也较小。

劳动力资源投入。基于空间邻接权重矩阵的设定，该观察要素的总效应和间接效益均为正值，分别为0.1110和0.1921，但都未通过显著性水平检验；基于地理距离权重矩阵的设定，其投入的总效应和间接效益均为正值，分别是1.9013和1.9802，且均通过了1%的显著性检验，从总体上看在两种矩阵形式设定下当前农业劳动力资源投入对各地区的农业经济增长依然起着促进作用，然而从劳动力资源投入对农业经济增长的直接影响效应来讲，劳动力投入在本地区的农业经济发展中已呈现明显剩余态势，以地理距离矩阵为例，各地区劳动力每增加1个百分点将引起本地区农业经济下降0.0789%，从一个侧面反映出过往的劳动力资源配置方式已变得与地区农业发展实际需求显得不太适应，进而需引导农村劳动力转变就业观念，并不断拓展就业渠道，有效转移农村富余劳动力。

资本要素投入。本节研究中以农业机械装备总动力作为农业资本投入的考察指标，按照模型估计结果，该观察要素的在两类矩阵设定下对农业经济增长的总效应、直接效应和间接效应均为正值，且均通过了显著性水平的检验；从资本要素投入的直接效应来看，空间邻接矩阵和地理权重矩阵设定下的系数依次为0.1453和0.1857，说明各地区农业机械装备投入的增加对本地区农业经济增长的促进作用显著，这与当前农业发展由人畜力为主向机械作业为主的全面转变的现实高度契合；同时，从资本要素投入的间接效应来看，两个矩阵模型设定下的系数分别是 0.4539 和 0.8199，且均通过了 1% 显著性水平的检验，表明各地区农机装备的投入对其他区域的农业发展推动作用也很明显，一定程度上实现了各地区农业生产的协同发展；最后，从各地区农业资本要素投入的总效应来看，也显著表现为正的影响，进一步肯定了农机装备物质投入在农业发展过程中的重要支撑作用，尤其是在当前农业向高质量阶段迈进的关键时期，进一步加快推进农业机械化转型升级非常必要。

自然资源禀赋因素。在两种权重矩阵设定下，自然资源投入要素对农业经济增长的直接效应、间接效应与总效应均为负，其中在空间邻接权重矩阵下的直接效应系数为 −0.0163，且在 5% 水平上显著，表示农业成灾面积每增加 1%，农业经济增长下降 0.0163%，表明自然资源禀赋优劣直接影响到各地区尤其是本地的农业经济增长状况，一般而言一个地区的气候、水土、地形地势若表现得相对恶劣，如本研究中的成灾面积越多，相对而言将对本地区或相邻地区的农业经济增长带来负向影响；同时，也注意到自然资源禀赋观察要素对各地区农业经济增长的总效应虽然表现为负值，但并未通过显著性检验，可能的部分原因来自农业科学技术的推广应用，如当前西北部分地区通过走内涵式发展道路，通过实行灌溉农业和旱作农业并举等方式实现农业结构调整，进而在资源禀赋不占优势的效果下，农业的生态化发展亦取得了较大成效。

农业科技基础条件。一般而言地区农业经济增长与其农业科技机构的分布呈相关性，但在两个矩阵设定下，农业科技基础条件的总效应和直接效应均为负值，其中仅有空间邻接矩阵下该观察属性的系数在 1% 水平上显著，从模型的总体效应来看，空间邻接权重矩阵和地理距离权重矩阵下农业科技基础与该地区农业经济增长呈负相关性，回归系数分别为 −0.0980 和 −0.2711 虽未通过显著性检验，虽不能支持一般情形下农业经济增长与科技机构分布的正向影响关系，却从侧面论证了农业科技机构与农业经济增长的不匹配，即农业科技机构较多的地区不一定就体现为农业经济产出较强的特征（孙胜元，2015），在现实中确实存在这样的例子，比如北京市集聚了全国最多的农业科技机构且每年产生了较多的农业科研成果，然而这些成果多数情况下投放到了新疆等省份，大部分成果并没在本地落地生根，因此农业机构分布多寡并不完全与该地区农业经济规模大小完全匹配。

五、结论与讨论

一般来说，格瑞里奇斯－杰夫（Griliches－Jaffe，1979，1986）知识生产函数比较适用于农业科技投入产出分析过程，然而鉴于区域间的空间相关性，因此本节依照空间计量模型的方法、原理和使用步骤，将空间相关性纳入分析，并通过构建基于空间邻接权重矩阵和地理距离权重矩阵的空间杜宾模型，对中国农业科技投入政策执行效果进行了论证并分解。结果显示：

（1）中国农业科技投入政策实施过程中，2002～2017年的农业经济增长具有较强的空间相关性，且各地区农业经济增长在"高—高集聚"和"低—低集聚"两种关联关系中分布较多，但从时间演进来看其空间集聚效应有所减弱，各地区农业产业经济增长总体空间分布趋于分散。

（2）通过模型的估计和检验分析认为，模型应选择空间杜宾模型，此外，在选择双向固定效应形式下，空间邻接矩阵和地理距离矩阵模型拟合优度均在0.90以上。

（3）模型估计结果显示，样本省份农业经济增长具有显著的空间相关性，从相关自变量的影响方向及显著性水平来看，农业科技投入，土地资源投入、资本投入、滞后资本等变量对农业经济增长基本存在显著且正向的影响，总体上表明农业科技投入政策对给地区农业产业发展存在正的外部性，相邻省份的农业科技投入对本地区农业经济增长也有促进作用。

（4）按照农业科技投入政策执行的空间溢出效应分析可知，基于两个空间权重矩阵设定下的农业科技投入政策的农业经济增长的总效应都大于 0，且通过了显著性检验。其中，空间邻接矩阵该观察变量的弹性系数较地理距离权重矩阵下该变量的弹性系数略高，分别为 0.0125 和 0.0109。直接效应方面，两种模型设定下，都显示出对农业经济增长的积极作用。与此同时，空间邻接权重矩阵设定下农业科技投入政策弹性系数较大，表明在空间上相连的地区具有较高的溢出效果，这与农业科技政策的传播路径相符，但也不能忽视农业科技政策执行效果随地理距离变动的情况。

（5）农业科技投入政策的执行在空间邻接矩阵的设定下，总体而言对农业经济增长有促进作用，其中总效应水平为 0.0125，直接效应是 0.0513 且通过了 10% 显著性水平上的检验。与此同时，在地理距离权重矩阵设定下，农业科技投入政策执行的对农业经济增长的总效应为负，但回归系数并未通过显著性检验，一定程度上表明农业科技投入随着各地区地理距离的增加，相应其空间效应有所减弱。另外，论及两种空间权重矩阵设定下的农业科技投入政策的间接效应问题，分析发现其均表现为负向影响，这表明农业科技投入政策执行过程中也存在一定的"虹吸效应"，且农业科技政策实施的"虹吸效应"在邻接地区间表现更为明显。

第二节 专题：农业科技政策执行中的传播绩效及影响因素研究

在前文农业科技政策执行作用机制及机理分析中，系统阐述了农业科技政策执行的总体路径为"政策实施—政策激励—行为优化—产出变化"，该农业科技政策的传导机制中首要的前置条件是，农业科技政策实现政策供给方向政策需求方的有效传递，即农业科技政策的有效传播问题，佐科·马里亚诺（Joko Mariyono，2010）的研究并认为印尼最近的农业政策改革，包括传播和执行无害环境的技术，似乎在减少化学使用方面取得了成功，可见在探讨农业科技政策执行效果时，明确农业科技政策传播绩效情况非常必要。农业科技政策的传播作为政策执行过程中的重要一环，是政策有效执行的重要保障，农业科技政策若无法进行有效的传播，将直接影响农业科技政策目标的实现。目前科技政策研究内涵已经较为成熟，具备了学术内核和形态，有着自身的一套知识结构和体系（樊春良，2017）。基于此本节从专题研究的角度，在将农业科技政策作为一个知识体系的基础上，分析了农业科技政策的传播绩效问题。

一、引言

学术期刊作为重要的传播媒介，成为农业科技创新知识转移过程中供体和受体沟通的有效桥梁，具有扩散包括科技政策在内的专门性知识和最新科研成果，推动人类各项事业发展的重要社会功能。改革开放以来，伴随着经济的起飞，我国期刊出版业抓住难得的机遇期，取得显著成效，并初步建立了完整的期刊出版体系。但与此同时，我国既有的学术评价体系部分内容有悖于知识产生和传播的基本规律，致使多数学术期刊游离于国际主流话语体系之外，在创新知识传播和扩散方面功效发挥不足，这应当引起各界的广泛重视。经文献梳理发现，当前围绕学术期刊与创新知识传播的研究，是目前国内期刊出版领域重要的学术话题，其中在期刊知识传播的积极作用上已达成共识，并多以定性分析的方式出现，同时其他相关方向研究也取得一定进展。关于期刊知识传播的现状及存在的问题的研究方面，相关研究表明传统期刊知识传播方式已广受诟病，其中蒋华林（2016）利用"田野调查"的方法，明确了学术期刊"纸质传播"和"数字传播"渠道在知识传播中的利弊，并给出了"学术期刊应主动适应数字化传播媒介变革与受众阅读方式更新情势，树立新媒介时代的创新思维，拓宽并优化传播渠道，合力推动学术期刊及时传播学术新知"的建议，魏强（2010）则专门介绍了高校学报传统的传播渠道，这成为知识传播的速度和广度相对滞后的原因，进而提出了期刊数字化、向特定对象赠阅等拓展策略，这其实可归结为期刊知识传播渠道和模式的问题，目前开放获取模式被认为是期刊出版的必然路径，阳杰（2017）就明确表示开放获取期刊知识传播系统比传统学术期刊系统在知识传播上存在某种优势，杨丽娜（2015）也认为开放存取（open access）作为学术资源共享的新模式，促进了知识的传播与创新，此外期刊的"优先出版"模式亦在学术知识传播中发挥了积极作用，当然了正如李莘（2015）的分析，出版模式转变将对知识传播带来了影响，但当前学术期刊的数字出版模式未成为主流出版模式，尚不能取代传统出版方式。实际上，除却出版模式的内容，影响期刊知识传播效能的因素是多方面的，其中新技术扮演着重要角色，李宁（2016）便认为期刊采编系统和在线文档分享等数字平台的应用可以提高科技期刊的知识传播力，并有助于期刊吸引更多优质文章，侯剑华（2017）的研究则发现非正式学术共同体中代表人物和具有交叉性知识背景的学者的变迁最易促进知识的流动，刘锦宏（2016）的研究也肯定了开放获取期刊对学术成果传播的重要性，并从期刊效能、传播效能和受众效能三个层面分析影响开放获取期刊知识传播效能的主要因素，其后刘锦宏（2017）的研究则基于拉斯韦尔的 5W 模式从内容、媒介、受众和环境四个维度构建了开放获取期刊知识传播效果的评估指标体系，结果表明传播效果依次取决于内容质量、受众基础以及媒介传播和环境条件，关于期刊知识传播效能评价的问题，张自立（2012）借助于期刊互引网络，运用社会网络分析工具从异质知识传播、吸收及流动 3 个角度探讨重要期刊个体引文网络的结构洞情况，发现《管理世界》等期刊跨越较多的结构洞，比较容易与其他重要期刊进行异质知识交流，许海云（2013）的研究则选择入度中心度（被引量）衡量文献在知识传播中的位置。当然，开展关于期刊知识传播效能的评价非常必要，但相关研究稍显不够，目前还有少量的定量研究借助于科技期刊引证报告数据开展了论证，主题聚焦于"期刊知识交流效率"，选用方法主要包括建立非参数的经济数学模型，如张垒（2015）年 DEA – Tobit 两步法，随机前沿分析方法 SFA 测算（万莉，2017）和 Super – SBM 模型（王惠 2017；万莉，2017）。此外，岳洪江（2008）和彭继东（2011）采用期刊引证网络分析的方法。不同于以往的研究，考虑到学科的差异性，本书以《中国期刊引证报告（扩刊版）》为数据来源，结合期刊类别划分一致性和数据连贯性的考量，选用的面板数据覆盖了 2005～2016 年主要的农业经济类样本期刊，重点就该类期刊知识传播效能做量化分析，数据选择上能较好解决截面数据遗漏变量的问题，也能提供期刊知识传播效率的长期动态信息，计量分析上有利于提高精度。事实上，农业作为国家基础性和战略性产业，是创新驱动乡村振兴战略实施的优先方向，通过科技进步与技术创新推动农业高质量发展将有效服务国家现代化建设大局，这一现实状况激发了农业知识创新领域的研究需求，相对于以往研究多从自然科学的视角，进而专注于农业科技基础原理演进及技术应用，该研究主要致力于探索"农业经济"知识生产、传播和创新问题，明晰当前国内期刊出版物农业经济类知识传播效能及关键影响因素，相关研究既很好的催生了新的学术共同体的形成，也将对农业经济研究的可持续提供一定指导。为此，农业经济类期刊作为农业科技政策传播的重要载体之一，借助其引证报告数据，开展知识传播绩效的研究具有一定的现实代表性，也期待在农业科技政策执行相关理论拓展与深化方面提供些许参考。

二、研究方法及指标选择

（一）研究方法

本节基于历年中国科技期刊引证报告，结合 DEA 使用来评价国内农业经济期刊知识传播效能，作为知识交流和学习创新重要载体，期刊引文和来源在不完全竞争市场、政令和财政约束下难以达到最佳规模。因此在非参数经济数学模型构建领域，阿弗里亚特（Afriat）、法勒

（Fare）、格罗斯科夫（Grosskopf）和洛根（Logan），还有班克（Banker）、查恩斯（Charnes）和库伯（Cooper）等学者，积极拓展了 VRS 在 DEA 模型中的使用。VRS 能不受规模变动的影响而测算出技术效率，估计结果更符合实情，为此本节基于期刊引证报告作的农业经济类期刊知识传播效能评价时使用的是 VRS 模型。此外，由于具体评价期刊知识传播效能时，为达到特定的学术产出，更易控制的是学术投入端变量，因此学者们也较偏好于面向投入模型的使用，该文研究时使用的就是该方法。

$$
\begin{cases}
\underset{\theta,\lambda}{\mathrm{Min}}\theta^k \\
\text{s. t. } \theta^k x_{n,k} \geq x_{n,k}\lambda_k \\
y_{m,k}\lambda_k \geq y_{m,k} \\
\lambda_k \geq 0\,(k = 1,2,\cdots,19) \\
\sum_{k=1}^{19} \lambda_k = 1
\end{cases}
\qquad (4-8)
$$

式（4-8）中一共涉及 19 个 DMU，对每个 DMU 有 n 个投入、m 个产出，对第 k 个 DMU，用列向量 $x_{n,k}$、$y_{m,k}$ 分别表示农业经济类期刊的其学术投入与学术产出。也即，$N\times 1$ 的投入矩阵 $x_{n,k}$ 和 $M\times 1$ 的产出矩阵 S 就代表了 k 个 DMU 的投入产出情况。λ_k 是第 n 项投入和第 m 项产出的加权系数；θ^k 是第 k 个 DMU 的相对效率值，该值位于 $[0,1]$ 区间，越趋近 1 表示效率值越高。另外，还定义 $x\geq 0$、$y\geq 0$，且 $n=2$、$m=4$。

为了明晰农业经济类期刊知识传播效能的影响因素及程度，研究中使用了 DEA – Tobit 两步法。该方法在前述农业经济类期刊知识传播效能评价的基础上，接着以效率值作为因变量对各种影响因素做回归，回归方程系数及方向可用于判别绩效影响的程度和方向。该方法标准形式为：

$$
\begin{aligned}
Y_i^* &= \beta X_i + \varepsilon_i \\
Y_i &= Y_i^*, \ \text{if} \quad Y_i^* > 0 \\
Y_i &= 0, \ \text{if} \quad Y_i^* \leq 0
\end{aligned}
\qquad (4-9)
$$

式（4-9）中，Y_i^* 是因变量向量，Y_i 是效率值向量，X_i 是自变量向量，β 为相关系数向量，此外界定 $\varepsilon_i \sim N(0,\delta^2)$，$y_i^* \sim N(0,\delta^2)$。

（二）数据及指标选取说明

1. 选取投入产出变量

为尽量满足 DEA 方法使用条件，基于指标设计的科学性要求，研究指标选取主要来自《中国科技期刊引证报告（扩刊版）》，该报告可用于定量研究和科学评判期刊的学理特点和学科发展地位，能客观地呈现出期刊知识传播的趋势和发展的规律。在具体选取知识传播效能的被评价期刊时，做了如下处理：经梳理《2006～2017 年中国科技期刊引证报告（扩刊版）》归类在农业经济学（以 L06 期刊类别为主）的期刊有 30 本，考虑到期刊统计分类一致性、数据连贯性及研究资料可获得性，最终选取了其中的 19 本杂志，时间跨度为 2005～2016 年，对应着期刊引证报告 2006～2017 年版，杂志选取情况如表 4-7 所示，需要说明的是上述期刊分类及分类代码综合了历年中国科技期刊引证报告的划分方法，因历年引证报告收录及分类情况，考虑到研究的合理性和数据连贯性及可获得性，分析中选取了序号为 1～19 的杂志为样本期刊。另外，上述多数期刊在 2015 版引证报告前类别代码为 F3，2015～2017 年版引证报告中类别代码变更为 L06。

表 4-7 样本期刊选择情况

序号	期刊分类	期刊分类代码	期刊名称	备注（引证报告收录及期刊类别说明）
1	农业经济学	F3/L06	江苏农村经济	
2	农业经济学	F3/L06	林业经济问题	
3	农业经济学	F3/L06	南方农村	
4	农业经济学	F3/L06	当代农村财经	2015 版本未收录、2014 年由《农村财政与财务》改名而来
5	农业经济学	F3/L06	农村经济	
6	农业经济学	F3/L06	农村经济与科技	

续表

序号	期刊分类	期刊分类代码	期刊名称	备注（引证报告收录及期刊类别说明）
7	农业经济学	F3/L06	农村经营管理	2015 版本未收录
8	农业经济学	F3/L06	农业技术经济	
9	农业经济学	F3/L06	农业经济	
10	农业经济学	F3/L06	农业经济问题	
11	农业经济学	F3/L06	农业科研经济管理	
12	农业经济学	F0/L01	青海国土经略	2015 版本未收录
13	农业经济学	F3/L06	上海农村经济	
14	农业经济学	F3/L06	生态经济	
15	农业经济学	F3/L06	台湾农业探索	
16	农业经济学	F3/L06	中国农村观察	
17	农业经济学	F3/L06	中国农村经济	
18	农业经济学	F3/L06	中国土地	
19	农业经济学	F3/L06/C05	中国土地科学	
20	农业经济学	F8/L06	农业发展与金融	2013 版未收录且多数年份收录在财政金融类别
21	农业经济学	F3/L06	农场经济管理	2010 年、2015 版未收录
22	农业经济学	F3/L06	农村工作通讯	2007 版、2015 版未收录
23	农业经济学	F3/L06	调研世界	2006、2007、2010、2015 版未收录
24	农业经济学	F3/L06	国土资源信息化	2007 版未收录
25	农业经济学	F3/L06	农村金融研究	2008、2010、2011 版未收录
26	农业经济学	F3/L06	农民科技培训	2006～2013 版未收录
27	农业经济学	F3/L06	农民致富之友	2006～2013 版未收录
28	农业经济学	F3/L06	农业经济与管理	2006～2011 版未收录
29	农业经济学	L06	资源开发与市场	多数年份收录在经济学期刊类别
30	农业经济学	L06	资源与产业	多数年份收录在经济学期刊类别

分析中假定所有被评价期刊营运中面临的运气相同。在此基础上，农业经济类期刊知识传播效能评价的学术投入产出指标应保证高度关联性，且满足：投入产出要素相同，均为正值；二是指标反映期刊知识传播的主要过程；三是不同学术投入、产出指标有不同量纲。最后，综合考量指标科学性、合理性和完整性，本节选择评价指标体系如表4－8所示。

表4－8   农业经济类期刊知识传播效能学术"投入"与"产出"指标

指标分类	学术投入指标		学术产出指标			
指标	来源文献量	平均引文数	篇均被引频次	扩展影响因子	扩展引用刊数	扩展学科影响指标
量纲	篇	篇	次/篇	—	本	—
均值	329	11.867	15.8554	3.5075	527.42	0.4147
标准偏差	779.421	11.442	16.62591	6.20949	391.341	0.183
最大值	3 470	36.34	55.49	25.80	1 254	0.63
最小值	19	0	0.61	0.18	94	0.04

注：小数点后数值采取了四舍五入并尽量保留三位，下同，另外表中各学术投入和产出指标的统计数值以2017版科技期刊引证报告为例进行列示。

其中，农业经济期刊学术投入指标选择了来源文献量（篇）、平均引文数（篇），这两个变量体现了绝对量与相对量的统一，其中来源文献量表示为所评价期刊在统计当年发表论文总数，是统计期刊引用数据的来源，反映了评价期刊学术投入的广度，而平均引文数是指每一篇论文平均引用的参考文献数，能在一定程度上反映评价期刊学术投入的深度。

产出指标涵盖了，篇均被他刊引用频次（次/篇）、扩展影响因子、扩展引用刊数、扩展学科影响指标，其中，篇均被他刊引用频次是他刊引用次数与来源文献量比值，显示评价期刊被使用和受重视的程度，扩展影响因子是当前评价期刊学术产出水平和影响力的公允性指标，这两个指标均能反映农业经济期刊知识传播学术产出的深度；扩展引用刊数表示的是引用被评价期刊的数量，体现出被评价期刊被使用的范围，另外扩展学科影响指标，指的是学科内部引用该刊的期刊数占全部期刊数量的比重，这两指标均不同程度地反映了科技期刊知识传播学术产出广度。

2. 作用机理及因素设置

一般而言，研究中影响期刊知识传播效能因素的选择，需要考虑期刊知识交流内外部的各种因素，包括期刊本身学术质量、期刊文献新颖性、期刊合作化程度、期刊国际化水平、期刊论文机构及地区分布、办刊时间等是内部因素，外部因素则要考虑期刊所在地区经济状况。综合考虑引证报告指标设计构成特征、指标合理性及数据可获取性等诉求，选取如下变量：期刊学术质量。期刊论文是知识传播的主要载体，其学术质量决定了知识传播效能问题，本节选取"基金论文比"即各类基金资助的论文占全部论文的比例来表示作者利用文献的新颖度。当前知识交流日新月异，众多期刊论文以追求学术前沿面的创新为主要动力，强调论文新颖程度，这也是期刊质量的重要方面，书中选取"引用半衰期"来表示期刊合作化程度。论文合作作为学术共同体传播学术共识的重要手段，在新技术、新知识的发现以及后续知识传播方面意义重大，本节用期刊论文"平均作者数"来表征期刊的国际化水平。知识传播国际化已成为期刊当前发展的重要趋势，是衡量期刊影响力重要方面，本节选用"海外论文比"来表征期刊论文机构分布。该指标能衡量期刊论文知识的覆盖及传播影响力，也是期刊论文内在质量的表现，书中使用"机构分布数"来表示办刊时间。学术期刊办刊时间承载着时代的变迁和办刊理念的革新，是期刊质量的累计，书中"办刊时间"由期刊创刊时间到2016年的时长来表征期刊所在地区经济状况。一般来讲，期刊知识交流及传播水平作为地区文化软实力的体现，同该地区经济状况存在正相关关系，本书使用期刊办刊地所在地区历年经济状况（GDP）来表示。

表 4 - 9   因素赋值说明、统计量及影响方向预判

解释变量	赋值说明	平均值	标准偏差	最小值	最大值	预测方向
期刊学术质量	选取"基金论文比"即各类基金资助的论文占全部论文的比例来表示	0.553	0.311	0.03	0.94	+
作者利用文献的新颖度	引用半衰期表示	6.287	1.967	3.96	9.66	-
期刊合作化程度	期刊论文"平均作者数"（单位：个）	2.13	0.605	1.15	3.15	+
期刊国际化水平	选用"海外论文比"	0.021	0.017	0	0.052	+
期刊论文机构分布	使用"机构分布数"来表示（单位：个）	185.42	370.773	15	1648	+
办刊时间	由期刊创刊时长来表征（单位：年）	32.105	4.653	21	37	+
期刊所在地区经济状况	使用期刊办刊所在地区当年经济状况（GDP）来表示（单位：亿元）	16 892	9 707.496	1 248	27 466	+

注：表中影响因素各统计数值以 2017 版科技期刊引证报告为例进行列示，其中基金论文比、引用半衰期、平均作者数、海外论文比、机构分布数均来自期刊引证报告，办刊时间来自中国知网，期刊所在地区经济状况来自各地历年《国民经济和社会发展统计公报》。

表 4 - 8 和表 4 - 9 列出了期刊知识传播效能投入产出指标和影响因素赋值说明及统计值，发现：期刊知识交流中，不同期刊的来源文献量、平均引文数等学术投入量及篇均被他刊引用频次、扩展引用刊数、扩展影响因子等学术产出量数额波动均较为明显，这受到了期刊知识传播的学术生态、期刊管理模式及随机干扰因素的影响。在影响期刊知识传播效能的因素中，统计结果显示：期刊办刊地相对集中，其中《中国农村经济》《农业经济问题》等 8 家期刊来源于北京市，《林业经济问题》和《台湾农业探索》两本期刊办刊地为福州，总体而言期刊所在地区多为各自省份省会（含首都北京和直辖市）或省内重点城市，很明显

办刊地经济基础相对较好，但与此同时地区间经济总量差异较大，其中《上海农村经济》办刊城市为上海市，该地区 2016 年经济状况最好达 27 466 亿元，《青海国土经略》办刊所在地西宁市最低，仅为 1 248 亿元；期刊论文来源机构分布广泛，平均机构达到 185.42 个，其中《农村经济与科技》论文来源机构数高达 1 648 家，《上海农村经济》来源机构数最少也达到了 15 家；农业经济类期刊均在改革开放以后办刊，其中《中国农村观察》和《农业经济问题》办刊时间相对较长，同在 1980 年办刊，《农业经济》《林业经济问题》《上海农村经济》也分别于 1981 年办刊，办刊时间最晚的为《当代农村财经》于 1996 年办刊；当前国内农业经济期刊出刊语言主要为中文，但期刊论文合作化趋势也较明显，论文篇均作者数为 2.13 个，但与此同时农业经济学期刊国际化相对滞后，所有刊物平均海外论文比仅 2.1%，《中国农村经济》最高也仅为 5.2%。

三、农业经济学期刊知识传播效能测度实证分析

（一）历年农业经济期刊知识传播效能

书中利用 DEAP2.1 软件对农业经济学期刊知识传播效能进行测度。分析结果表明，在综合考虑管理无效、环境及随机干扰等因素时，2005～2016 年间，测度的 19 本样本期刊知识传播技术效率值波动较为明显，效率值介于 0.770～0.908 区间不等，其中均值相对较高的年份，即 2014 年的 0.908 和 2013 的 0.902，两项数值说明若维持现有学术投入水平不变，2013 和 2014 年度均还有 10% 左右的优化空间；同期，2016 年上述期刊知识传播技术效率最低，仅 0.770，其次 2010 技术效率也较低，为 0.798，2005 年也仅为 0.812。见表 4-10 和图 4-4。

由表 4-10 和图 4-5 可知，2005～2016 年《中国农村观察》《中国农村经济》《农业经济问题》《中国土地》四本期刊的知识传播为技

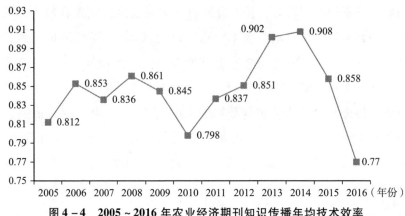

图 4 – 4　2005～2016 年农业经济期刊知识传播年均技术效率

术有效，各年度效率值均为 1，事实上上述期刊也是当前农业经济领域的权威刊物，尤其是《中国农村经济》《农业经济问题》《中国农村观察》等杂志，无论是在相关学科综合影响因子排序上，还是在农业经济学科评估受重视程度方面都是最高的；此外《农业科研经济管理》《农村经济》《农业经济》《农村经营管理》《上海农村经济》等杂志知识传播技术效率有效情况相对较好，有效年份依次为 11、10、9、9、9；《林业经济问题》和《农村经济与科技》知识传播技术效率有效年份均为 0，12 年期刊知识传播平均技术效率也仅为 0.656 和 0.411；此外《江苏农村经济》《中国土地科学》《台湾农业探索》《南方农村》知识传播技术相对有效年份和平均技术效率均较低。

（二）Tobit 回归结果

为进一步明晰影响农业经济期刊知识传播效能的因素及作用大小，借助于 Eviews 9.0 软件包，以 DEA 测度的历年期刊知识传播技术效率值为因变量，另以期刊学术质量、作者利用文献的新颖度、期刊合作化程度、期刊国际化水平、期刊论文机构分布、办刊时间、期刊所在地区经济状况为自变量，做上述面板数据的 Tobit 回归分析，结果见表 4 – 11。

表 4－10　　2005～2016 年农业经济类期刊知识传播技术效率

名称	2005 年	2006 年	2007 年	2008 年	2009 年	2010 年	2011 年	2012 年	2013 年	2014 年	2015 年	2016 年
江苏农村经济	0.225	0.812	0.406	0.588	0.476	0.291	0.396	0.458	1	0.694	1	1
林业经济问题	0.607	0.43	0.585	0.539	0.752	0.584	0.65	0.882	0.805	0.915	0.699	0.419
南方农村	0.826	0.707	1	1	0.737	0.631	0.768	0.792	0.54	0.605	1	0.328
当代农村财经	0.328	0.713	0.577	0.826	0.721	0.327	0.658	0.629	0.57	—	0.552	0.088
农村经济	0.84	0.857	1	1	1	1	1	1	1	1	1	1
农村经济与科技	0.386	0.368	0.199	0.301	0.209	0.214	0.467	0.379	0.612	0.581	0.28	0.937
农村经营管理	1	1	1	0.941	0.678	0.76	0.8	0.956	0.958	—	1	0.883
农业技术经济	1	1	1	0.824	0.96	1	1	0.905	1	1	0.829	1
农业经济	1	1	1	1	1	1	1	1	1	1	1	1
农业经济问题	1	1	1	1	1	1	1	1	1	1	1	1
农业科研经济管理	1											0.365
青海国土经略	1	1	0.785	1	1	1	0.892	0.736	1	—	0.882	0.826
上海农村经济	0.722	0.435	0.498	0.794	0.733	1	1	0.731	1	1	1	1
生态经济	0.491	0.882	0.839	0.734	0.963	0.57	0.544	0.905	0.962	1	0.776	0.196
台湾农业探索	1	1	1	1	1	1	1	1	1	1	1	1
中国农村观察	1	1	1	1	1	1	1	1	1	1	1	1
中国农村经济	1	1	1	1	1	1	1	1	1	1	1	1
中国土地	1	1	1	1	1	1	1	1	1	1	1	
中国土地科学	1	1	1	0.81	0.818	0.778	0.723	0.785	0.694	0.91	0.869	0.598
平均技术效率	0.812	0.853	0.836	0.861	0.845	0.798	0.837	0.851	0.902	0.908	0.858	0.77

注：《2015 年版中国科技期刊引证报告（扩刊版）》中未统计《当代农村财经》《农村经营管理》《青海国土经略》的文献来源及引证数据，但鉴于时间连续性的考量，依然展示了当年度其余年度期刊知识传播技术效率。

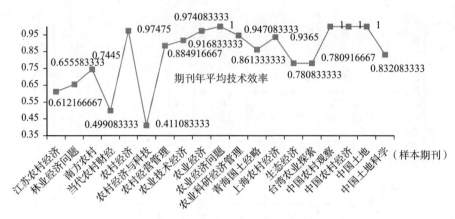

图4-5　2005~2016年样本期刊年平均技术效率

表4-11　　　　　　　　　　Tobit回归实证结果

自变量	系数	标准误	Z统计量	Prob.
截距项	0.335	0.227	1.479	0.139
期刊学术质量	0.113	0.190	0.593	0.553
作者利用文献新颖度	0.039	0.025	1.578	0.115
期刊合作化程度	-0.021	0.044	-0.479	0.632
期刊国际化水平	0.175**	0.088	1.987	0.047
期刊论文机构分布	-4.6E-04*	2.37E-04	-1.924	0.054
办刊时间	0.012	7.528E-03	1.621	0.105
期刊所在地区经济状况	-4.16E-06	4.92E-06	-0.846	0.397
Log likelihood			6.385	

注：数据均采取了四舍五入，部分数据使用科学记数法，小数点保留后三位；*、**、***所对应的显著水平分别是10%、5%、1%。另外，因2015版期刊引证报告默认较多，具体做Tobit面板数据回归时未考虑2014年度情况。

依据Tobit面板回归模型实证结果，首先，以"海外论文比"表征的期刊国际化水平、"基金论文比"表示的期刊学术质量及期刊"办刊时间"均与农业经济期刊知识传播效能呈正向关系，且"海外论文比"因素的系数在5%水平上统计显著，表明期刊国际化水平是期刊知识传播效能的重要影响因素，其值越高相应的知识传播效能水平越高，其次"基金论文比""办刊时间"两个变量也是影响农业经济期刊知识传播效能的积极因素；其次，"作者利用文献新颖度""期刊合作化程度""期刊所在地区经济状况"三个变量对期刊知识传播效能的影响与预期方向相反，但 P 值未通过显著性检验，表明三变量对知识传播效能影响有限，此外"期刊论文机构分布"变量系数为负通过了10%统计水平的显著性检验，表明期刊论文机构分布越多，其绩效水平反而相对较低，可能的解释：一方面在于《中国农村观察》《中国农村经济》《中国土地科学》《农业技术经济》《农业经济问题》等作为农业经济领域权威杂志，年发文量较少且论文作者相对集中，如《中国农村经济》月刊文量不足 10 篇且论文作者年均所涉机构数不足 65 个，见图 4－6，另外一方面《农村经济与科技》《生态经济》《农业经济》等刊物年均发文量较大，相应作者来源广泛程度更高，其中《农村经济与科技》出刊周期仅为半月。

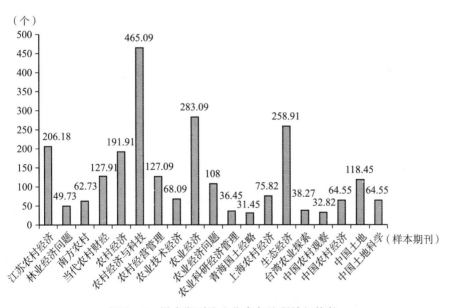

图 4－6 样本期刊论文作者年均所涉机构数

四、结 论 及 启 示

本研究内容利用历年中国科技期刊引证报告，在认识到期刊是农业科技政策知识重要传播载体前提下，以农业经济学期刊为例进行了知识传播效能评价，并论证研究了影响期刊知识传播效能的因素，结论如下：（1）总体而言，2005～2016 年间农业经济学期刊知识传播技术效率值介于 0.770～0.908 区间且波动较为明显；（2）农业经济期刊诸如《中国农村观察》《中国农村经济》《农业经济问题》等重要杂志知识传播效能相对更高，各年度均技术有效；（3）期刊国际化水平是期刊知识传播效能的重要影响要素，"基金论文比""办刊时间"两个变量也是影响农业经济期刊知识传播效能的积极因素，"作者利用文献新颖度""期刊合作化程度""期刊所在地区经济状况"等变量对期刊知识传播效能的影响有限，此外鉴于办刊定位、出刊周期的不同等原因，"期刊论文机构分布"的广泛性并不能带来期刊知识传播效能的同步提升。基于上述结果，可能的启示有：一是，坚持社会主义办刊方向，吸收先进理念和成功经验，积极服务我国"三农"问题及政策研究；二是，强化期刊内涵建设，以质取胜，通过品牌锻造提升刊物的美誉度，进而服从服务于国家政策知识体系的构建；三是，与时俱进，朝国际化接轨，时刻把握农经学科学术前沿领域，通过创新性发展突出刊物学科引领性，进而体现出政策知识传播的创新性；四是，要凝练期刊特色，重点打造期刊精品栏目，通过吸引受众扩大农业经济期刊论文的知识传播范围，进而促进包括农业科技政策在内的知识传播。

第五章

典型国家农业科技政策执行及对我国的启示：美国经验

农业是人类抵御自然威胁和赖以生存的根本。一个国家的农业现代化程度，将直接影响着一个国家的经济水平。而美国作为世界上最大的农业生产和贸易国，现代化农业是其最具有代表性的产业之一。该国在农业发展方面所取得的辉煌成就，除因有丰富的自然资源禀赋作为有效前提，还与多元化的农业科技政策及创新型的工业化体系紧密相关。美国自1933年颁布了第一部现代意义的农场立法《农业调整法》以来，政府根据社会经济环境及农业发展情况，对农业政策法案不断进行调整、补充、修订，先后共出台了20多部农业基本法、100多部农业专项法，逐步完善了农业政策相关的法律体系，也为农业科技政策的进一步发展提供了法律保障。在科技政策方面，2018年已经通过的新农业法案草案更加强调农村的发展和农业科技的研究与开发。除了重视国内的农业科技自主创新转化、不断加大对农业科技的研发投入以促进农业GDP的增长（见图5-1），还十分重视国外先进农业技术和管理政策的引进。美国农业经济经过一百多年的发展，已经实现从传统农业向发达农业，再向高效现代农业的跨越，并实现了农业的科学发展和可持续发展，还形成了农业普及教育、科学研究、社会推广三位一体的科技模式。近年来，中国为了顺应经济发展形势的迫切需要，逐步把"三农"问题提上日程，并且作为工作重点，连续多年的中央一号文件均聚焦"三农"问题。同时，自党的十六大以来，关于中国农业发展中的政策问题的研究不断增加，许多学者通过对国内的政策进行研究和论述进而提出了建设性意见。尽管美国是发达的资本主义国家，而中国是发展中的社会主义国家，但是除去少量特殊化情况，多数问题和中国农业发展过程中已遇到和即将面临的问题有着一定过得相似性。美国作为农业现代化国家的典型代表，其农业科技政策演进的过程及发展经验必将给中国农业现代化发展提供诸多的经验启示，因此本章以美国农业科技政策为对象，研究美国农业科技政策的动态演进，评价其农业科技政策的执行效果，明确其农业科技政策发展中的经验和存在的问题，为中国构建系统性、有针对性的农业科技政策提供一定帮助。

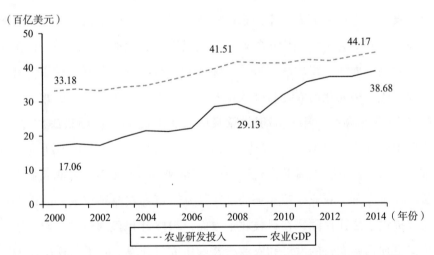

图 5-1　2000~2014 年美国农业研发投入与农业 GDP 的关系

　　美国的农业科技政策的制定和实施离不开美国成熟的农业科技体系，而这一体系的构建横跨百年，是一个漫长的、循序渐进的探索发展过程，本章将结合不同时期的时代背景，分析并梳理出美国农业科技政策演变背后原因以及体系逐渐完善的过程，在此基础上还将就其转基因技术政策实施效果进行一定论证分析，以期对我国农业科技政策体系执行机制优化调整提供些许参考。

第一节　美国农业科技政策体系建设经验梳理分析

一、农业科技政策体系的初步构建

（一）早期对农业高等教育的探索

1776 年美国宣布独立，长期的外来殖民统治和持续的独立战争（1775～1783 年）对国内经济造成了严重的破坏，新政府急需大量财政资金来恢复国家和社会的经济发展。由于战后大部分居民都居住在东部沿海地区，联邦政府为了平衡东西部发展，于 1784 年、1785 年和 1787 年连续制定了三个土地法案，用优惠的土地政策来吸引大批东部居民西迁，随着这项政策的实施和推进，美国联邦政府拥有了大量的可耕种土地，迫切需要大量懂得一定农业技术和农业生产方法的农业劳动力。再加上后来南北战争时期，大批青年参军导致劳动人口骤减，而对农产品的需求却逐渐增加。这加重了美国农业科技人才的短缺。为了改善这一局面，也为了适应到来的农业半机械化的发展，美国自 1862 年以来颁布了多部与农业高等教育相关的法案，旨在加速、大量培养农业科技人才以适应农业的发展（见表 5－1）。

表 5－1　　　　　　　　　　美国农业教育相关主要法案

序号	年份	法案名称	法案简介	备注
1	1862	《莫里尔法案》	联邦政府按各州在国会的议员人数，以每位议员三万英亩的标准向各州拨赠土地，各州应将赠地收入用于开办农业和机械工艺学院（即"赠地学院"）	截至 1922 年，美国共设立 69 所赠地学院，据统计，1882 年赠地学院在校生仅 2 432 人，这一数字到 1885 年已扩张至 2.5 万人，1916 年达约 13.5 万人，1926 年更是直接接近 40 万人

续表

序号	年份	法案名称	法案简介	备注
2	1887	《哈奇法案》	规定美国农业部、州政府和赠地学院共同负责建立各州的农业试验站，帮助所在州的农民解决农业生产中的实际问题，同时开展田间实验、研究当地农业信息以及展示并推广农业科技成果和技术	截止到1893年，全美国一共建有农业相关实验站56个。到1908年，总共约有1 100余人在实验站担任领导和业务工作，而其中三分之一以上人员还在农工学院或者农学院兼任教职
3	1914	《史密斯－利弗法案》	由美国联邦政府资助，每年各州按比例配套专项经费，在各州农工学院的基础上筹建农业推广站，主要负责组织、管理和实施基层与农业推广相关的工作	该项法案颁布后，全国拥有农业推广员的县由1914年的928个增加到1 434个，而参加推广的总人数更是达到了4 100名。至此，美国已经逐步构建起了一个集农业教学、科研、推广"三位一体"体系的雏形
4	1929	《乔治－里奇法案》	该法案授权美国联邦政府拨款100万美元专项资金以资助赠地学院的农业和家政经济	进一步加强了政府对农业高等院校科研教育工作的支持，为后来美国农业的高速发展打下基础
5	1934	《乔治－埃雷尔法案》	在上述法案基础上进一步拨款1 400万美元给各州农工学院	
6	1935	《班克黑德－琼斯法》	法案规定每年增加100万美元，5年达到500万美元的农业研究经费拨款，以推动和促进农业科研工作的展开	

资料来源：根据王岩、续润华（1998），滕大春（1994），王莹（2003），高德步、王珏（2001），胡紫玲、沈振锋（2007）等相关研究文献整理得到。

值得一提的是，这些赠地学院，如密歇根州农业学院（后发展为密歇根州立大学），陆续建立的还有康奈尔大学、加州大学等。赠地学院逐步发展成为各州的州立大学，在保留老牌农业学科的基础上，不断发展壮大，持续不断地为美国农业领域乃至更多专业领域培养和输送人才。

（二）注重国外先进技术引进和国内技术创新

美国除了注重农业高等教育及人才的培养外，还格外关注国外先进农业科技和优秀农业人才的引进。早在1862年美国农业部成立之初，美国农业部就已经开始了国际间的农业技术合作。既为美国国内的农业技术注入新鲜血液，也增强了美国农产品在国际市场上的知名度和影响力。这一合作项目经过百年的演变，如今发展为美国农业部海外农业局（Foreign Agricultural Service，FAS）承担的国际合作和发展项目（International Cooperation and Development，ICD）。

19世纪，随着工业革命浪潮席卷全球，美国的工业有了快速的发展，以英国为代表的工业化资本主义国家在科技上取得了飞跃式的进步，使其在世界上处于领头地位。美国意识到了从这些国家引进先进技术可以帮助自己少走弯路、避免错误，并且还可以节约一大笔科研研发经费。于是美国积极关注世界上最新的科技动向，尤其以欧洲等国为代表的技术动向。例如DDT，其最初由德国在19世纪初期率先合成，但是并没有在德国得到使用，然而后来美国了解到DDT具有杀虫的效果，便将这项技术引进国内，并广泛应用于农业生产中，这项技术的运用最终增加了其农产品的产量。第二次世界大战之后，美国的经济迅速发展，农业也随之高速发展，美国的科学技术水平快速攀升至世界领先地位，其工业产值从1920年至1970年间翻了将近7倍（见图5-2）。

图5-2　美国工业产值

资料来源：OECD数据库（https：//data.oecd.org）整理所得，以2015年工业产值为比值100计算所得。

在此期间，美国农业已经实现了机械化、电气化、良种化、化学化。然而这也导致了美国逐渐丧失了对国际先进技术的兴趣，不重视引进国外的技术，直接结果就是美国在20世纪80年代国际经济地位有所下滑，贸易指数（出口价格指数与进口价格指数之间的比率）呈现出下降的趋势（见图5-3）。随着贸易指数持续下滑，美国也自1971年开始首次出现贸易逆差，其科技领先地位也随着经济的下滑而下滑，逐步被欧洲、日本等追上甚至赶超。在意识到问题严重性后，美国开始重新审视国内的科技引进政策并加以调整，重新开始重视并关注海外的先进技术。这也是近年来美国在科技技术领域仍然处在领军地位的原因之一。

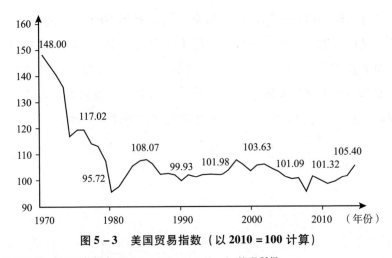

图5-3　美国贸易指数（以2010=100计算）

资料来源：OECD数据库（https：//data. oecd. org）整理所得。

除了重视海外先进技术的引进，美国也十分重视本土科研和技术创新能力。在为这些机构提供充足的研发经费和政策上的支持外，还为其提供完善稳定的立法保障。最大化保护科研成果，最高效整合利用新的技术。这些机构主要见表5-2。

表 5 – 2　　　　　　　　　　美国主要研发机构及其类型

序号	名称	主要目标	性质	备注
1	国家科学基金会（National Science Foundation，NSF）	资助基础研究计划，改进并发展科学教育、科学信息和增进国际科学合作交流等办法促进美国科学的发展	独立联邦机构	不以营利为目的，研发预算主要来自国会预算拨款
2	美国农业部农业研究局（Agricultural Research Service，ARS）	主要从事农业基础科学、解决克服农业生产问题以及农业的可持续发展化	公立研发机构	
3	各州"赠地学院"发展而来的州立大学	在培养农业科技人才的基础上，同时兼具农业技术研发、实验，以及推广	公立研发机构	
4	非营利私立机构，如唐纳德丹佛植物科学中心（Donald Danforth Plant Science Center）	主要关注解决欠发达国家粮食安全问题的公益研究项目和小宗作物的研发	私立研发机构	经费来自政府、企业、社会捐赠等渠道，并与高校、生农企业维持良好的合作关系
5	以孟山都、杜邦先锋、陶氏益农等为代表的生物技术公司和农化企业	在开展农业技术应用型研究的同时，还要完成农业科技成果的商品化和产业化过程	私立研发机构	是一种市场化行为，以需求和利润为导向

资料来源：根据韩艳旗、王红玲（2009），赵惠娟等（2015），熊鹏等（2018）等文献资料整理得到。

（三）产学研推一体化及政府 – 大学 – 企业联盟的形成

正是美国对农业高等教育、国内外先进技术的研发引进以及积极将研究成果和技术商品化和推广化，才造就了美国独一无二的一套农业科技体系。高校负责培养教育高等农业人才并从事农业科技研究；政府负责配套资金以及提供法律保障和政策上的便利；企业承担一部分技术研发的同时还将最新科技成果转化为实用技术并投入农业生产活动中，最终创造收益，实现其价值。这样头尾相接、取长补短，政府、大学、企业一环扣一环，加快了农业科技成果转化速度，提高了农业科技成果转化率，以联盟的形式共同构建了美国高效的农业科技体系。

二、20世纪以来的农业科技政策发展

美国联邦政府为了保证农业科技技术和成果的有效实施和推广，运用法律强制规定的手段来保护相关政策的推行。因此，农业法案的改变也就是其政策所关注点的改变，本章将从这一点出发，利用农业法案的演变梳理美国农业科技政策的发展路线，并分析其背后的时代背景等因素，较为深入的理解美国农业科技政策的发展规律。美国自1933年以来颁布第一部较为系统的农业法案以来，随着时间的推移，如今与农业相关的法案已经有一百多部，想要全部不漏地整理下来不仅是低效率的，同时也是无意义的。因此本章主要关注那些对农业科技政策有重大影响和转折点的法案，并大致将农业科技政策的类型分为三类（见表5-3），其余的作为这些法案的补充说明即可。

表5-3　　　　　　　　　　农业科技政策类型

类型	含义	具体政策类型
供给型	政府通过在教育、技术、服务、信息、财政支持多个等方面调整和改进农业科技术要素的供给情况，进而有效地推动农业科技技术创新和推广	农业科技技术推广教育、农业信息化、农业科技基础设施建设、农业科技资金投入、农业服务、农业科技研究成果转化等
需求型	政府通过采购、贸易管制等措施减少市场不确定性、寻求稳定的农业科学技术	农业科技技术引进、农业科技合作、技术保险补贴、农业机构海内外机构的建设等
环境型	政府通过优惠的税收制度、专利制度等为农业科技创新提供良好的外界发展环境	农业科技专利保护政策、农业科技相关管理办法法规以及税收减免政策等

资料来源：研究参考了赵筱媛、苏竣（2007），李容容、罗小锋、余威震（2018）等文献资料。

美国农业科技政策的发展过程主要可以分为以下四个阶段。

（一）国家主导的农业科技研发

1. 经济形势和时代背景

从美国建国至"二战"爆发前，美国并没有提出系统的、完整的与农业相关的科技政策，联邦政府奉行自由主义，即尽可能地减少对经济、农业、科技的干预，让市场来发挥作用，自行调节供需关系，因此这段时期提出的一些科技政策法案多以阻碍了经济的正常发展而被否定，如《莫里尔法案》于1859年提出时遭到了当时的美国总统布坎南的否决，理由是这项议案扩大了联邦政府的权力，会干预到地方经济的发展。然而1929～1933年美国爆发了史上最严重的经济危机，经济大萧条的影响迅速波及各行各业，农产品市场尤为严重。随着农业机械化和规模化农场的生产在美国渐渐普及，劳动生产率大幅提高，然而对农产品的需求却跟不上供给的快速增长，于是出现了大规模的生产过剩、供大于求的现象，农业发展严重受挫。由于工业化才刚开始普及，农业仍在国民经济中占主导地位，为了挽救农业的发展，联邦政府于20世纪30～50年代连续出台了多部涉及农业发展的政策。其中罗斯福新政则正式标志着政府出面直接干预农业的发展。"二战"爆发后，由于战争需求，美国农业生产过剩的情况得到一丝缓解，同时美国经济借助"二战"得到了空前绝后的发展，在农业科技技术方面，随着原子能、生物能的发展还有农业机械化的成熟，美国农产品的质量和产量也迅速提高，全球各国都加大了对美国农产品的需求。

2. 相关农业科技政策的主要内容

20世纪30年代美国的经济大萧条推动了美国农业科技政策的发展。出台了许多与其相关的农业科技政策法案（主要集中在20世纪30～60年代，见表5－4）。在罗斯福执政时期，美国联邦政府成立了总统科学顾问小组，该小组直接向总统汇报科技政策制定和最后的实施效果。该小组的成立扩大了美国联邦政府对科技研发的管理权限，也提高了联邦政府在公共研发领域的地位。1944 年，时任美国国家科学研究与发展局局长瓦尼尔·布什（Vannier Bush）向罗斯福总统和国会提交了一篇名为《科学：不断延伸的前沿》的文章，十分详细和充分地论证了基础科学研究对国家科技进步的重要性，这篇文章也影响了美国之后几十年关于包含农业科技政策在内的许多科技政策的模式。

表 5－4　　　　20 世纪 30～60 年代美国农业科技政策的发展

序号	时间	法案名称	涉及的农业科技政策	政策目的	类型	备注
1	1933	《农业调整法》	政府为休耕的土地和实施限额销售的农产品提供补贴，农业部成立农业信贷公司为农作物生产提供贷款	解决农业生产过剩问题，提高农产品价格，增加农场主和农场工人的收入	供给型	1935 年的修正案和 1937 年农产品销售协议法对此法进行了完善和补充
2	1936	《鲁宾逊－帕特曼法》	联邦对科技研发经费投入，要在政府管辖的机构内实施。禁止其技术流向私营企业和个体发明者	借助美国较为雄厚的工业基础和资本，加大对国家支持的大企业研发环境的构建力度	环境型	是对《克莱顿反托拉斯法》的补充
3	1946	《兰哈姆法》	规定商标初始使用者受法律保护，侵权者需承担有形和无形资产的损失	立法保护商标使用人的权益	环境型	早期的商标法与知识产权法都是运用法律来保障农业科技成果
4	1954	《国内税收法典》	明确了农业科研等经费的扣除机制，延长农业科技研发税收抵免期限，鼓励科技企业加大科技研究投入	鼓励农业科技创新，减轻科研机构经费的负担，为日后吸引更多私人投资者投入到研发里做铺垫	环境型	注重对科技研发的激励，通常多采用间接的税收优惠制度

续表

序号	时间	法案名称	涉及的农业科技政策	政策目的	类型	备注
5	1954	《农产品贸易发展和援助法》《农业法》	授权农产品信贷公司，拨付25亿美元作为储备，主要用于国际救济、拓展市场、农业应用技术研究等领域	增强美国农业在海外的竞争力，同时为海外合作、农业科技技术研发提供资金支持和法律保障	需求型	1956年的农业法案对其进行了进一步的补充和完善

资料来源：参考了徐世平（2005）、马欣员（2014）、吴广新（2015）等文献资料。

（二）政府鼓励私人部门开展研究活动

1. 经济形势和时代背景

一直奉行"凯恩斯主义"的美国联邦政府，主张政府干预经济的手段终于在20世纪70年代遇到了瓶颈。贸易逆差的出现、布雷顿森林体系的瓦解、财政赤字以及全球面临的能源短缺危机、环境污染等问题迫使美国削减财政开支，其中也包括农业科学技术研发、引进的开支。并将其政策重心由农业基础科技研究转向为实用农业科技研究，美国的农业科技研发体系总体呈现倒退状态。不过很快美国就意识到了科技创新对提升国家影响力的重要性，重新审视当前阶段的农业科技政策并加以调整，在强化了农业科技知识产权的保护和扭转研发局面的同时，还新增了对农业科技发展中环境的保护以及打破了之前由政府主导研发的局面，为农业科技政策发展注入了新的活力。

2. 相关农业科技政策的主要内容

1966年，美国众议院的科学研究和发展委员会认为应该在国家立法部门设立技术评估机构，于是将这一想法提交给美国众议院表决。1972年这项议案经多次修改后取得通过，并由时任美国总统尼克松签署后正式成为一项法律（技术评估法）。根据该法规定，美国国会设立了专项技术评估机构，即后来的技术评估办公室（OTA）。OTA的主要目的是为美国国会提供深层次、较高技术含量的报告。而这一部法律的出台也拉开这个时期美国农业科技相关政策涌现的序幕（集中在20世纪70~80年代，见表5-5）。尽管OTA于1995年由于财政压力被迫关闭撤销，但是它在美国科技政策发展中的作用是不可忽视的。

表5-5　　　　20世纪70~80年代美国农业科技政策的发展

序号	年份	法案名称	涉及的农业科技政策	政策目的	类型	备注
1	1972	《科技评估法》	成立OTA，每年由财政部拨款，独立客观的提供各种报告	进一步确立包括农业科技政策在内的科技政策地位	供给型	1993，美国国会颁布了"政府绩效与结果法案"（GPRA）并成立全国绩效评监委员会（NPR）
2	1972	《联邦水污染控制法》《联邦杀虫剂控制法》	控制农业生产过程中污水排放与杀虫剂的使用	保护水资源与农业生产环境	供给型	
3	1980	《大学和小企业专利程序法》	统一专利政策，允许联邦对大学和企业颁发专利许可	加速推动了政府和民营企业之间的科研合作交流	环境型	逐步降低政府在科技研发、专利使用上的垄断地位
4	1980	《拜杜法案》	允许并鼓励美国各大学、小型企业及研究机构为由联邦政府资助科研成果申请相关专利，同时与企业合作转化研究成果，特别是支持研究机构向小型企业提供使用专利优先条件	为政府和企业合作构建桥梁、专利保护和成果转化建立联系、科研成果提供法律保障并激励农业科技的进一步创新	供给、环境兼顾	后来经过修改被纳入《专利法》

续表

序号	年份	法案名称	涉及的农业科技政策	政策目的	类型	备注
5	1984	《联合研究开发法》	该法鼓励非政府研究机构、私营企业参与到包括农业科技在内的科技研发中	加强了政府与企业之间的合作关系，打破了由政府占主导研发地位的局面，强调互相取长补短	供给型	是对《拜杜法案》的进一步完善和补充
6	1985	《食品保障法》	囊括各种农产品出口计划、土壤保护计划等	扩大海外农业市场、保护农业生产的土地环境	需求型	是美国水土保护规模最大的计划之一
7	1986	《联邦技术转移法》	该法案为企业农业科技创新提供一系列的优惠政策，联邦政府与企业合作研发，达到共赢的局面	加快美国农业科技技术的研发速度和提高成果转化率，提高美国在农业技术领域的知名度和影响力	环境型	将政府与企业合作推向高潮，并完善了科技成果保护制度

资料来源：参考了徐世平（2005）、马欣员（2014）、付宏（2018）等文献资料。

（三）国家加强农业信息化发展

1. 经济形势与时代背景

20世纪90年代是互联网高速发展的时代，美国在信息化的道路上是最早起步的，更是农业信息化的发源地。随着世界互联网的快速发展以及个人PC电脑的快速普及，美国建立了庞大的农业信息体系，如美国农业数据库等大量农业基础数据库，这些数据库与联合国粮食及农业组织（FAO）中的农业数据库（AGRIS）直接连通，更为精准地服务于美国的农业生产。而美国农业部下属的5大机构：农业统计局（NASS）、市场服务局（AMS）、经济研究局（ERS）、海外农业局（FAS）以及世界农业展望委员会（WAOB）一同收集国内外各种农业数据、农业经济指标；检测农产品市场的信息变动和走势，定期提供详细深入的报告以供美国国内农场主为农业生产提供参考。此外，将最新的农业科技甚至是其他领域的科技转化为实际成果服务农业，如 3 "S" 技术，即指全球定位系统（GPS）、地理信息系统（GIS）以及遥感技术（RS），极大地促进了美国农业的快速发展。

2. 相关农业科技政策的主要内容

在此阶段，美国在加强农业信息化体系构建的同时，进一步地加强了农业成果知识产权的保护和对农业信息化科技人才的培养，并增加了科研经费投入以鼓励政府和企业开展更多的科技研发合作（集中在 20 世纪 90 年代，见表 5 - 6）。

表 5 - 6　　　　　　　　20 世纪 90 年代美国农业科技政策的发展

序号	年份	法案名称	涉及的农业科技政策	政策目的	类型	备注
1	1990	《农业法》	授权通过美国公共组织和私人组织从事法律允许的农业技术交流活动并提供经费支持，同时开拓海外农业市场	促进公私合作，加强国际间的农业科技技术引进和交流	需求型	主要是受乌拉圭回合与贸易自由化趋势框架约束
2	1992	《再投资法》	鼓励政府同企业、企业同企业间在农业信息技术上的合作	加快信息流通速度，更高效将信息转化为成果	需求型	继 1990 年时任美国总统老布什执政时期政府颁布的《美国技术报告》后对政府与企业合作的进一步补充完善
3	1992	《加强小企业研究与发展法》				
4	1993	《国家合作研究与生产法》	政府牵头调动个人企业、部门对研发的积极性，在政策上对特定的研究成果商业化（特别是农业信息化技术）给予一定的照顾和倾斜	丰富研发力量的同时加快研究速度及成果转化，构建由上及下信息化网络基础	供给型	后拓展至信息技术高新产业，确保美国在科技和信息领域处于世界霸主地位
5	1996	《技术与国家政策》				

资料来源：参考了王恒玉（2007）、王晓明（2013）、何迪（2017）等文献资料。

上文所述的法案政策除了管辖公共和私人合作机构之间的信息和资源交换，一般而言，还规定了如何拥有新发明的权利和分享利益。图 5 – 4 展示了政府研究机构与私营部门和其他非政府机构合作的各种机制模式的主要类型。

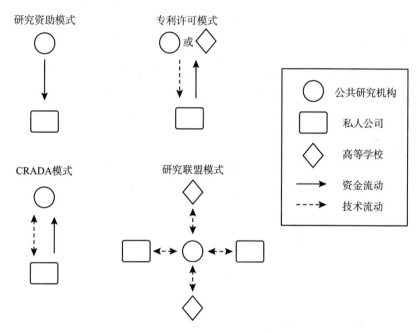

图 5 – 4　美国公共机构与私人机构合作模式

研究资助模式。政府资助私人内部研究是最简单的模式。在这种模式中，政府实验室和非政府合作伙伴之间没有正式的研究合作，并且授予方对任何专利技术拥有唯一的所有权。因此通常情况下，政府的研究发展拨款是针对政府高度重视的项目，如小企业创新研究计划（SBIR）和小企业技术转移计划（STTR）。就如同 2000 年，美国农业部和能源部合并了一部分 SBIR 资源，形成了生物燃料研发计划。生物燃料研究与开发计划为生物燃料相关的"植物科学研究"和"生物炼油示范部署"等项目以及下一代生物燃料的可行性提供支持。

专利许可模式。在专利许可模式下，公共研究机构开发和专利一项技术，然后将专利技术的使用权转让给非政府机构或私人公司。权利可以是排他性的、部分排他性的或非排他性的。独家专利许可是在被认为有必要促进私营企业商业化时颁发的。例如，当一家公司必须在产品和市场开发方面进行重大投资时，或者当涉及重大商业风险时。而同时，这些专利许可通常包括向拥有专利的公共机构返还固定费用或一定比例收入的专利费。

CRADA 模式。合作研究与开发协议（CRADA）通常包括一个政府实验室，与一家公司合作开发一种特定商业应用的技术。双方都致力于内部资源的研发，非政府合作者可以向政府实验室提供一些研究经费。政府实验室可向非政府合作伙伴提供人员、设备和实验室特权，但不提供财政资源。例如 1986 年技术转让法案通过后，美国农业部和 Embrex Inc 公司之间组建了第一个由联邦机构建立的 CRADA，其直接成果是家禽孵化前接种疾病疫苗方法的商业化。

研究联盟。研究联盟是一个比较复杂的模式。与仅涉及一个私人和一个公共合作伙伴的 CRADA 不同，一个大型财团将几个私人公司聚集在一起进行联合研究，无论是否有公共部门合作伙伴。联合组织的成员为研究提供资源，并对联合组织开发的技术拥有优先权。公司可以通过商业秘密或新的专有专利政策来保护衍生技术。这类研究协会对于增加被认为是长期和高风险的研究的支持，以及对开发行业通用标准的研究都十分有帮助。

三、21 世纪以来农业科技综合化发展

（一）经济形势和时代背景

20 世纪 90 年代末期的东南亚经济危机对全球包括美国在内的农业市场造成了一定的冲击，时任美国总统克林顿政府对自由化、市场化的农产品市场的尝试也因为这一经济危机导致的国际农产品需求下降而付

诸东流。新政府重新采用了"新凯恩斯主义"的方式，即由政府重新出面，直接干预农业的发展。2002 年农业法案，其方式大多是直接采用农业补贴，一方面可以弥补农场主由于经济波动带来的损失，另一方面可以加强美国农产品在国际农产品市场上的竞争力。然而，这一举动却引起其他国家的不满。美国的种种行为就如同带头背叛《乌拉圭农业协定》中的反贸易保护主义。此外，违反 WTO 框架内的黄绿箱协定，严重破坏了 WTO 成员共同制定的农业规则和努力成果。尤其损害了发展中国家的利益，这也直接导致了随后"多哈回合"的谈判陷入僵局。单从美国的利益角度上来看，尽管让其他国家厌恶和反感，但确实在一定程度上缓解了美国农产品在海外市场的贸易压力。

然而 2007 年美国次贷危机爆发，新的经济危机浪潮又一次席卷全球，美国联邦政府迫于国内农业利益集团以及面对经济危机的习惯性对策，2008 年农业法案继续大幅提高农业补贴范围和力度，引入了反周期补贴等加强版的补贴政策。国际农产品市场哗然一片，批评与谴责声席卷而来，却依然没有阻挡这一扭曲性的补贴计划的实施。直到 2014 年时任美国总统奥巴马签署生效的 2014 年《食物、农场及就业法案》才逐步取消了国家对农业的直接补贴政策，转而更加关注一般的服务支持项目，重新强调市场对农业的调控作用。2018 年新农业法案对 2014 年法案做了进一步的补充与完善，在确保农场主收入的基础上，将补贴设置更为灵活化以适应不同的需求。

（二）相关农业科技政策的主要内容

尽管美国在农业补贴等政策上一波三折，进行得并不顺利。但是在农业科技领域，却发展的十分快速（主要集中在 21 世纪以来，见表 5-7）。进入 21 世纪以来，随着农业信息化体系构建的完善和成熟，美国农业发展也发生了转变，并引领着全球的农业发展脚步。逐步向智能化、精细化、综合化以及工农一体化的方向发展。即网络信息化的发展带动了科技更新；如农业相关的智能设备、农业信息数据库、网络系统互通（2000 年国会拨款 15 亿美元给美国农业部，并由美国农业部牵头，带动商务部等部门开发构建农业信息网络系统，其种类、数量庞大，至今已经发展达到约 2000 个）；数字化人工智能服务系统、各种农业推广站的专家辅助系统精准帮助农场主解决农业生产的各种实际问题；生物技术、转基因技术、卫星技术在农业生产上的运用以及工农结合，并步发展，推动了高效农业发展，降低了农业生产过程中的损耗和成本。

表 5 - 7   21 世纪以来美国农业科技政策的发展

序号	年份	法案名称	涉及的农业科技政策	政策目的	类型	备注
1	2002	《不让一个孩子掉队法案》	制定高标准和可衡量的目标来实现教育改革，为美国未来高等教育人才做铺垫	改善学生在基础教育阶段各科目学习成绩，确保每个美国公民能够获得基础教育	供给型	负面影响较大，如对科学教育不够重视，美国中小学生科学成绩依然较差，以致后来被新法案取代
2	2007	《为有意义地促进一流的技术、教育与科学创造机会法案》又称《美国竞争法》	涉及包括农业在内的几大领域，为美国人才教育、培养以及促进国家创新和竞争力提供法律保障。放款高技术人才移民，开放政府手中的数据供民企研究。对绿色清洁能源环境相关的高新技术给予高额财政支持	加强在农业人才教育领域的立法保障和支持，以培养和引进高质量的专技人才队伍	供给型	保证了美国在科技领域上的绝对优势
3	2009	《美国复苏与再投资法案》	加强农业基础建设，提供就业岗位，加快经济复苏，促进农业科学教育进步	规范完善投资制度，确保专款专用	供给型	提出背景为 2008 年经济危机对美国经济的冲击。是美国历史上对基础研究领域最大的投资力度
4	2009	《力争上游计划》	强调数字化设备进校园并进行数字化教育	推动农业人才教育信息化，是信息化在教育方面的应用	供给型	
	2013	《教育改革计划》				

续表

序号	年份	法案名称	涉及的农业科技政策	政策目的	类型	备注
5	2013	《移民改革计划》	吸引、引进海外高级农业技术人才，放宽对其的限制政策	为美国农业科技注入新动力，拉动社会经济发展	需求型	政策主要倾向于在实用技术领域有杰出研究成果的人员
6	2015	《每个学生都成功法案》	改革制度更为合理化，不再单一关注测试结果，而转向多元化发展	保障高质量教育和教育公平。完善基础教育，从孩童时代培养社会所需要的农业人才	供给型	取代《不让一个孩子掉队法案》，并对其中存在的问题进行调整

资料来源：参考了李文华、张宏杰（2010），刘颖（2017），杨秀治（2017），贾曼（2017），王文礼（2018）等文献资料。

　　此外，21 世纪以来，美国除了加强农业人才的教育和引进政策外，还进一步加强了其在农业科技领域的影响力，最直观的表现就是与农业相关的科技专利见表 5-8。与农业科技相关的专利分类十分复杂，这里只选取两个方面分析，即农业环境与生物技术。可以发现，美国的农业相关专利始终能够占到世界全部农业相关专利的 50% 左右，在其他国家不断追赶、不断改进技术的同时，仍然撼动不了美国在农业科技领域领头羊地位，这离不开丰富且成熟农业科技体系基础。

表 5-8　　　　　　　　　美国农业相关专利数量及其占比

年份	与农业生产环境相关的专利			与农业生物技术相关的专利		
	数量（件）		占比（%）	数量（件）		占比（%）
	美国	世界		美国	世界	
1999	3 985	8 828	45.14	7 050	10 921	64.55
2000	4 677	9 860	47.43	7 512	11 486	65.40
2001	4 613	9 820	46.97	6 791	10 753	63.15

续表

年份	与农业生产环境相关的专利			与农业生物技术相关的专利		
	数量（件）		占比（%）	数量（件）		占比（%）
	美国	世界		美国	世界	
2002	4 879	10 024	48.67	6 412	10 251	62.55
2003	4 626	10 071	45.94	5 897	9 632	61.23
2004	4 800	10 546	45.52	5 572	9 147	60.91
2005	4 858	10 879	44.65	5 444	9 116	59.72
2006	5 205	11 578	44.95	5 766	9 409	61.28
2007	6 072	13 008	46.68	5 886	9 749	60.38
2008	6 566	13 847	47.42	5 624	9 386	59.91
2009	6 989	15 307	45.66	5 498	9 498	57.88
2010	7 193	17 012	42.28	5 558	9 374	59.29
2011	7 028	17 389	40.41	5 157	8 742	58.99
2012	6 946	16 388	42.39	4 505	7 571	59.50
2013	6 279	13 458	46.66	3 761	5 856	64.22
2014	4 639	9 258	50.11	2 225	3 340	66.61

资料来源：OECD 数据库整理所得，数据仅包括向美国专利商标局（USPTO）提交的专利申请（https：//stats. oecd. org）。

纵观美国的农业科技政策发展之路，可以看到其政策始终紧跟着时代发展需要的步伐，从工业化到如今的信息化，充分整合多方优势资源，利用政策的影响力着实提高了美国农业科技创新、转化、推广的效率，形成了一套稳定、多样、高效的农业科技生产模式。农业的发展伴随着技术的进步，同时技术的进步进一步推动农业科技的快速发展，两者相辅相成，既能为农业生产中的各种实际问题提供解决思路方法，提高农场主的农业知识水平，又能减轻农场主的劳动负荷强度和保障农业生产质量的稳定。当今美国农业产业能够在国际市场中占据领军地位，与其长期的、科学的农业科技体系的发展所打下的坚实基础和底蕴是息息相关的。

第二节 美国农业科技政策执行效果定量描述分析

一、政府层面的科技政策支持

（一）农业研发的财政投入与信贷政策支持

农业科技技术的发展离不开大量的资金支持，美国联邦政府除了每年为农业科研项目研究提供专项的配套财政资金外，还为一些农化企业和农场主提供了便利的农业信贷政策和大量的农业信贷资金（见图5-5）。以美国为代表的资本主义农业信贷是借贷资本在农业投资的一种形式。相较于一般产业，农业生产有着风险大、贷款的利率和抵押条件要求较高的特点，因此一般的大农场可以较为容易地从商业银行获得贷款，而小农场主则多靠合作信贷取得资金来源。总体而言，美国为国内的信贷渠道提供了法律保障，确保该项资金能够惠及尽可能多的农场主。

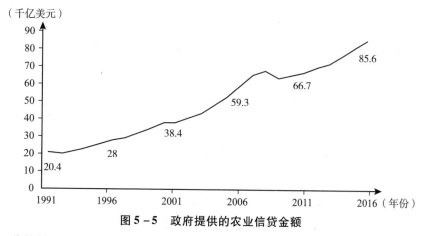

图5-5 政府提供的农业信贷金额

资料来源：FAO 数据库（http：//www.fao.org/faostat/zh/#data/IC）。

从数据上来看，美国为农业信贷提供的专项资金年年攀升，2016年更是达到了8万亿美元，较1991年的2万亿翻了4倍有余。此外美国对于国内研发的投入更是位居世界前列，甚至超过了欧盟28个国家研发投入的总和（见图5-6）。R&D主要包括基础研究、应用研究及试验发展3类活动，而对R&D的资金投入，则直接决定了产出的效果。

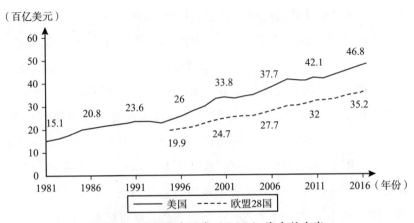

（百亿美元）

图5-6　美国国内研发（R&D）资金总支出

资料来源：OECD数据库（https://data.oecd.org）。

从相关数据上来看，美国的研发资金总投入总体保持上升状态，在1996～2001这几年里增长尤为迅速，达到了年均增长6%，不仅在总量上超过了欧盟28国，同时也在增速上处于领先地位。

（二）农业生产者科技政策支持

农业生产者支持（PSE）主要是考察国家政府的农业科技政策对农业生产者的支持程度。无论政府支持农业的政策的目标和经济影响如何，消费者和纳税人每年向农业转移的总金额。这项指标通过占农业总收入的比例，衡量国家对农业生产的干预程度（见图5-7）。

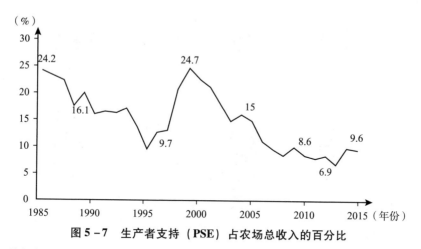

图 5 - 7　生产者支持（PSE）占农场总收入的百分比

资料来源：OECD 数据库（https：//data. oecd. org）。

美国联邦政府的生产者支持在 1999 年达到历史最高值 24.7%，随后随着时间逐年下降，到 2013 年降至历史最低点 6.9%，这也主要与第三章所提及的 20 世纪 90 年代末期的东南亚经济危机让美国政府重新干预经济和农业生产，这一举动招致诸多 WTO 国家的不满，美国迫于压力，最终只能逐步减少对农业的直接干预的时代背景有关。在当今美国重新强调以市场为导向的农业政策背景下，可以预见的是，政府对农业生产的支持还会逐渐减少。

（三）农业高等教育政策支持

美国向来重视农业人才的高等教育问题，对教育的大量支出最直接的结果就是提了了国民的平均学历（见图 5 - 8）。

可以看到，美国国民受教育程度随着时间的推移，农村人口的整体受教育水平显著提高，但在城市地区，拥有学士学位及以上的成年人所占比例仍然较高。1960 年，农村 25 岁及以上人口中有 60% 没有完成高中学业。到 56 年后的 2016 年，这一比例降至 14%。同期，25 岁及以上农村成年人本科及以上学历比例从 5% 上升到 19%；在城市地区，这一比例在 2016 年达到 33%。2000 ～ 2016 年，农村成人本科及以上学历比例增长 4 个百分点，高中及以下学历比例下降 10 个百分点。

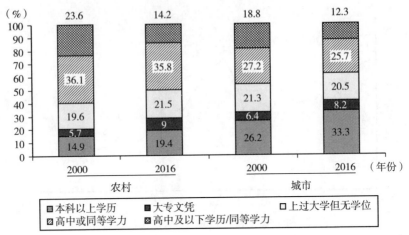

图 5 - 8　2000 年和 2016 年农村和城市教育水平

注：需要说明的是，25 岁及以上成人受教育程度由城市和农村状况由美国管理和预算办公室（Office of Management and Budget, 2013 metropolitan/nonmetropolitan area definition）确定。

资料来源：美国农业部经济研究局（ERS），使用美国人口普查局、2000 年人口普查和 2016 年美国社区调查的数据。

　　但是可以看到，对于年轻人来说，城乡完成大学学业的差距依然存在。2000～2016 年，城市地区 25～34 岁本科毕业生比例从 29% 上升到 37%；这一增幅高于农村地区，农村地区受过大学教育的年轻人比例从 15% 升至 20%。城乡大学生学业差距的形成可能是多种因素共同作用的结果。农村家庭收入落后于城市家庭收入约 20%～25%，这使得农村家庭开支上大学的费用更为困难。另外，对于在农村长大的年轻人来说，地理距离可能会增加上大学的另一项成本。而最后那些完成大学学业的人可能会决定在城市地区工作，因为那里有更高的工资和更多适合他们技能水平的工作。如何解决城乡教育水平的差异问题不仅是美国，同样也是我国亟须解决的问题。

二、环境层面的科技政策支持

（一）温室气体排放

这里所说的温室气体（GHG）是指二氧化碳、甲烷、一氧化二氮、氯氟碳、氢氟碳、全氟碳、六氟化硫、三氟化氮等几种对气候变化有直接影响的气体之和。这些数据只包括了人类从事农业生产中所产生的排放，如机械设备排放、有机性化合物挥发、农药的使用等方面，单位是人均吨（见图5-9）。

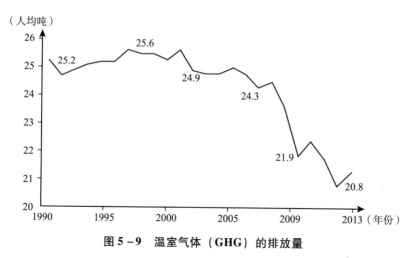

（人均吨）

图5-9 温室气体（GHG）的排放量

资料来源：OECD数据库（https：//data.oecd.org）。

从1990年以来，温室气体排放量总体呈现下降的趋势，这与美国农业科技政策更加重视水土资源和环境保护有关，尤其在2004~2012年，排放水平大幅下降，农业生产呈现出绿色化、生态化的发展趋势。

（二）能源的可持续利用

文中所谈到的能源利用是指农业生产过程中产生的生物燃料和生物

质能为农作物和牲畜生产、农业机械使用、化肥和杀虫剂使用提供消耗能源。衡量效果的一个指标就是农林能源使用占总能源使用的百分比，该项比例约低，则能源的可持续利用效果越好（见图5-10）。

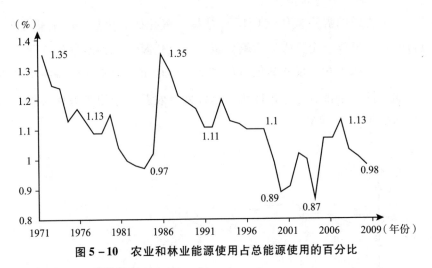

图5-10　农业和林业能源使用占总能源使用的百分比

资料来源：FAO数据库（http://www.fao.org）。

尽管存在上下波动的情况，但是从整体趋势上看，还是呈现下降的趋势，这也表明能源的持续再生和持续利用得到了有效的实施，其最终结果也影响着温室气体排放量。可再生能源利用率越高，温室气体排放量就会越低。

三、农场工人层面科技政策支持

（一）农业劳动力人数与机械化

长期以来，美国农业劳动力由个体经营的农场经营者及其家庭成员和受雇工人组成。但随着农业机械化的发展推进，越来越多的农业机械设备取代了传统的农用牲畜（见表5-9），大幅提高了农业生产率，减少了对劳动力的需求，这两种类型的就业都在长期下降（见图5-11）。

表 5 – 9　　　　　　　　　　　　农业机械化发展

年份	数量
1900	农业工作动物数量为 2 160 万只
1930	农用骡马数量为 1 870 万匹，拖拉机 92 万台
1945	农用骡马数量为 1 160 万匹，拖拉机 240 万台
1960	农用骡马数量为 300 万匹，拖拉机 470 万台

注：需要说明的是 1960 年后，普查不再收集有关农用工作动物的数据。
资料来源：美国农业部经济研究局、美国农业普查数据汇编。

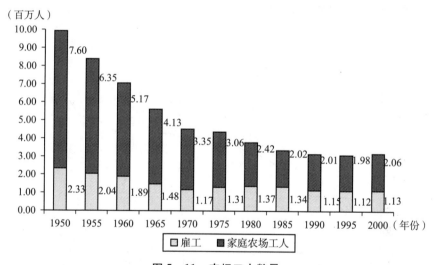

图 5 – 11　农场工人数量

注：数据中不包括劳务合同工，包括夏威夷但不包括阿拉斯加。
资料来源：美国农业部经济研究局（ERS）、国家农业统计署整理所得。

　　个体经营者和家庭劳动力的减少比雇佣劳动力的减少更快。根据美国国家农业统计服务局（NASS）农业劳动力调查（FLS）的数据，个体经营者和家庭农场工人的数量从 1950 年的 760 万下降到 2000 年的 206 万，下降了 73%。在此期间，包括农场支持人员和农场劳动合同工在内的农场雇工的平均年就业率从 233 万下降到 113 万，降幅为 52%。因此，雇佣工人的比例随着时间的推移而增加。

（二）农业工人收入

除去通货膨胀所影响的名义工资的变动，而统计农业工人实际工资的变化，更能反映出政府农业科技政策所带来的直接影响（见图 5 - 12）。根据农业劳动力调查（FLS）的数据，自 1989 年以来，美国直接雇佣的农业工人（包括所有职业，但不包括合同工）的实际工资每年增长略低于 1%，2017 年达到每小时 13.32 美元的年平均水平。2015 年和 2016 年的实际工资分别增长 3.7% 和 2.2%，由于名义工资增长放缓和通胀上升，2017 年的实际农业工资增长率降至 0.5%。总体来说，保持着增长的趋势，但是增速十分缓慢。

图 5 - 12　雇工实际小时工资（以 2017 年美元计算）

注：需要说明的是家庭农场工人包括个体经营者和无薪家庭成员。雇工包括直接雇工和农业劳务合同工，FLS 从 2001 年开始停止估算家庭农场工人的数量。
资料来源：美国农业部经济研究局（ERS）、国家农业统计服务、农业劳动力调查（FLS）。

（三）农业产值

随着农业科技政策的逐步推行，农业在国家地位的转变，美国农业呈现出多元化发展的趋势（见表 5 - 10）。尽管农业生产总值占国内生产总值的比例逐年下降，但是其实际产出的价值却在年年提升（见图 5 - 13）。

表 5 – 10   农业在国家经济中角色的转变

年份	比例
1990	41% 的劳动力从事农业
1930	21.5% 的劳动力从事农业，农业生产总值占国内生产总值的 7.7%
1945	16% 的劳动力从事农业，农业生产总值占国内生产总值的 6.8%
1970	4% 的劳动力从事农业，农业生产总值占国内生产总值的 2.3%
2000	1.9% 的劳动力从事于农业，农业生产总值占国内生产总值的 0.7%

资料来源：美国农业部经济研究局统计汇编。

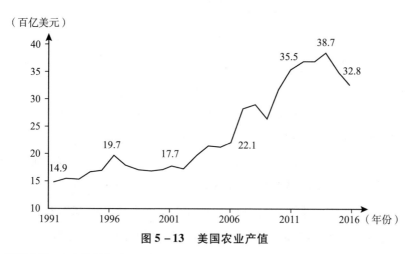

图 5 – 13　美国农业产值

资料来源：FAO 数据库（http：//www. fao. org/faostat/zh/#data/QV）。

从数据上来看，美国农业产值整体保持上升的趋势，但在 1996 ~
1999 年、2007 ~ 2009 年以及 2014 年有所回落，其主要原因是 90 年代
末东南亚经济危机和 2007 年的次贷危机引发的经济上的不景气，导致
国内国际上农产品需求下降，进而影响农产品产量。

第三节　美国农业科技政策执行效果实证分析

——以转基因玉米技术政策为例

美国是世界上基因工程（genetic engineering，GE）技术应用较早也是技术商业化成功的国家，这与美国联邦政府对待转基因（genetically modified，GM）技术的开放态度密不可分。而正是这样开放的态度促进了美国转基因作物的大力种植与发展，最终在技术与实施效果上取得成功。与欧洲等国截然不同，美国政府对待转基因食品采取"实质等同""自愿标识""个案分析"的积极且宽松的监管制度。实质等同（substantial equivalence），是指只要转基因食物或其成分与现存的食物或食物成分相同或大致相同，无实质性改变，则可认定它们同等安全，而无须特殊处理。自愿标识即法律没有规定生产者或销售者必须对转基因食品进行标识，而是可以根据市场需求和消费者的喜好自行决定是否标识。个案分析（case by case）则是指即使某一种转基因食品经过鉴定是安全的，也不代表其他的转基因食品都是安全的。

秉承着上述的监管指导原则，美国并没有为转基因技术及转基因食品安全制定专项的联邦法律，而是将其纳入现有的关于健康法律体系下进行约束管制。不仅如此，美国还强烈反对以欧盟等国为代表的国家和地区对转基因食品采取严格的监管和进口措施，认为这些监管措施违背了WTO框架下的"非贸易壁垒"。

一、美国转基因玉米科技政策执行基本情况

美国的基因工程作物性状主要分为三代。第一代具有增强的输入特性，例如除草剂耐受性，对昆虫的抗性和对环境胁迫的抗性（如干旱）。第二代是增值产出特性，如增强营养的饲料种子。而第三代转基因作物

将包括允许生产超越传统食品特性的产品。虽然美国农业部动植物卫生检验局（APHIS）批准并于 1994 年商业化的第一批转基因作物是具有严格第二代特性的作物，但在美国种植的大多数转基因作物都具有第一代特性。而所有三代转基因作物性状均处于研究和开发的不同阶段，并未大规模的种植。

在美国种植的转基因玉米于 1996 年开始商业化，尽管有多种不同的抗性，但由于篇幅有限，这里只讨论两种抗性，耐除草剂（herbicide - Tolerant，HT）和抗虫（insect-resistant）。由于抗虫的原理主要来自土壤细菌苏云金芽孢杆菌（bacillus thuringiensis，Bt）所产生的毒蛋白靶向杀死玉米螟等 8 种鳞翅目害虫，故所含这种基因的玉米也被称为 Bt 玉米，而 HT 玉米能够耐受某些高效除草剂，如草甘膦、草铵膦等，允许这些种植转基因玉米的农场主能更有效地控制分布普遍的杂草。

本节通过软件 Eviews 9.0 对 1996 ~ 2016 年转基因玉米情况进行回归，基本数据如表 5 - 11 所示。

表 5 - 11　　　　　　　　　　美国转基因玉米及农药使用情况

年份	Bt 玉米种植面积百分比 X_1	杀虫剂用量（磅/英亩）Y_1	HT 玉米种植面积百分比 X_2	除草剂草甘膦用量（磅/英亩）Y_2	除草剂总用量（磅/英亩）Y_3
1996	1.40	0.244	3.00	0.038	2.669
1997	7.60	0.254	4.30	0.033	2.641
1998	19.10	0.172	9.00	0.042	2.520
1999	25.90	0.157	8.00	0.067	2.298
2000	19.00	0.151	7.00	0.065	2.106
2001	19.00	0.126	8.00	0.104	2.235
2002	24.00	0.109	11.00	0.130	1.924
2003	29.00	0.110	15.00	0.175	2.076
2004	33.00	0.104	20.00	0.265	2.062

续表

年份	Bt 玉米种植面积百分比 X_1	杀虫剂用量（磅/英亩）Y_1	HT 玉米种植面积百分比 X_2	除草剂草甘膦用量（磅/英亩）Y_2	除草剂总用量（磅/英亩）Y_3
2005	35.00	0.075	26.00	0.312	2.041
2006	40.00	0.051	36.00	0.432	2.050
2007	49.00	0.048	52.00	0.606	2.168
2008	57.00	0.047	63.00	0.788	2.303
2010	63.00	0.039	70.00	0.843	2.054
2012	67.00	0.033	73.00	0.921	2.136
2014	80.00	0.020	89.00	0.990	NA
2016	79.00	0.015	89.00	1.030	NA

注：自 2008 年后，美国农业化学品使用数据改为通过 NASS 快速统计系统（Quick Stats）发布，并实行轮制，即在特定的年份只对特定的农作物展开化学品使用情况调查，2012 年数据通过美国环境保护局（EPA）报告（https://www.epa.gov/pesticides/pesticides-industry-sales-and-usage-2008-2012-market-estimates）计算所得，2018 年数据暂未公布。

资料来源：美国农业部经济研究局（ERS）、美国农业部国家农业统计局（NASS）统计汇编。

对于时间序列的分析，一般需要进行平稳性检验，主要是为了避免非平稳序列所造成的"伪回归"现象。但是由于本文使用的数据中含有百分比数据，而比例数据按照年度变动幅度较小，时间性趋势相对较小，并且样本数据较少，因此直接采用经典回归模型。

二、杀虫剂用量与 Bt 玉米种植面积相关性分析

为了探究美国农业杀虫剂是否与转基因抗虫玉米（Bt）的种植面积相关，首先利用 Eviews 软件绘制其散点图（见图 5-14）。

从散点图可以看出，随着 Bt 玉米种植面积百分比的增加，单位英亩使用的杀虫剂出现减少的趋势，并且大体呈现线性关系，所以建立的计量经济模型为以下线性模型：$Y_t = \beta_0 + \beta_1 X_t + \mu$，利用 Eviews 将上述结果进行回归，回归结果见表 5-12。

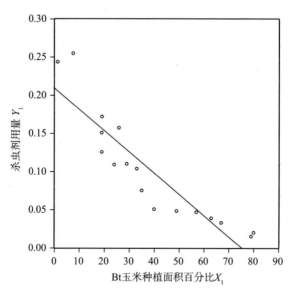

图 5 - 14　Bt 玉米种植面积与杀虫剂用量的散点图

表 5 - 12　　　　　　Bt 玉米种植面积与杀虫剂用量回归结果

变量	系数	标准误	T 统计量	P 值
截距项	0.209319	0.014832	14.112300	0.0000
X_1	- 0.002785	0.000332	- 8.383057	0.0000
决定系数	0.824100	Mean dependent var		0.103179
调整的可决系数	0.812373	S. D. dependent var		0.073541
标准误差	0.031855	Akaike info criterion		- 3.945111
残差平方和	0.015221	Schwarz criterion		- 3.847086
对数似然值	35.533450	Hannan – Quinn criter.		- 3.935368
F 统计量	70.275640	Durbin – Watson stat		0.473836
F 统计量概率	0.000000	Dependent Variable		Y_1

参数估计的结果为：

$$Y_1 = 0.209319 - 0.002785X_1 \qquad (5-1)$$

$$t = (14.112300)(-8.383057)R^2 = 0.824100 \quad F = 70.275640$$

由回归结果和参数估计的结果可以看出，回归模型的参数 $\beta_1 = -0.002785$，说明 Bt 玉米种植面积每增加百分之一，杀虫剂单位英亩使用量就减少 0.002785 磅，这与种植 Bt 玉米可以减少害虫数量，从而减少杀虫剂农药的用量的原理相符合。此外，回归方程中，可决系数 R^2 的值为 0.851531，表明所建模型总体上对样本数据拟合程度较好，F 值为 70.275640，P 值较小，说明 Bt 玉米种植面积对杀虫剂使用量有显著的影响。下面对回归系数进行 t 检验，公式为：

$$t = \frac{\overline{X} - \mu}{\dfrac{\sigma_x}{\sqrt{n-1}}} \qquad (5-2)$$

其中 $\overline{X}$ 为样本平均数，μ 为总体平均数，σ_x 为样本标准差，n 为样本容量。设立原假设和备择假设，$H_0: \beta_1 = 0$，$H_1: \beta_1 \neq 0$

由表 5-12 可知，估计回归系数 $\hat{\beta}_0$ 和 $\hat{\beta}_1$ 的标准误和 t 值分别为 $t(\hat{\beta}_0) = 14.112300$ $|t(\hat{\beta}_1)| = 8.383057$，选取显著性水平 $\alpha = 0.025$，查 t 分布表得自由度为 $17-2=15$ 的临界值为：$t_{0.025}(15) = 2.131$，因为 $t(\hat{\beta}_0) = 14.112300 > t_{0.025}(15) = 2.131$，所以拒绝原假设，而 $|t(\hat{\beta}_1)| = 8.383057 > t_{0.025}(15) = 2.131$，所以拒绝原假设。这表明种植 Bt 玉米的面积对杀虫剂的使用具有显著性影响。

事实上，美国环境保护署（EPA）制定了一项举措用来保障 Bt 玉米抗虫这一抗性的持续性。在种植 Bt 玉米之前，昆虫学家和其他科学家认为，需要在 Bt 玉米附近种植足够数量的非 Bt 玉米，以降低目标害虫抗性进化的速度。通过允许对 Bt 毒素敏感的目标昆虫的适量存活和繁殖，来减缓其群体对 Bt 抗性进化的速率。非 Bt 玉米与 Bt 玉米的这种杂交增加了它们后代易感的机会，继承了 Bt 抗性作为隐性性状，有助于延缓 Bt 抗性的演变。

三、除草剂用量与 HT 玉米种植面积相关性分析

方法类似于上文所述的方法，首先利用 Eviews 软件绘制两两之间关

系的散点图（见图5-15）。

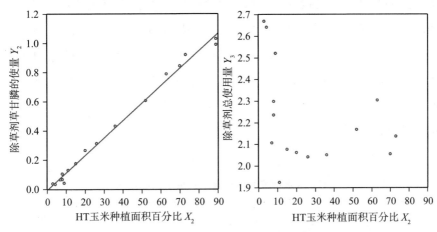

图 5-15   HT 玉米种植面积与草甘膦和除草剂总量的散点图

可以看出，除草剂草甘膦的使用量与 HT 玉米种植面积百分比呈现明显的一阶线性关系，而除草剂总使用量与 HT 玉米种植面积无显著的线性关系。由于上小节已经阐述过回归步骤，故本小节不再赘述，直接查看回归结果，详情如表5-13、表5-14所示。

表 5-13   HT 玉米种植面积与草甘膦用量回归结果

变量	系数	标准误	t 统计量	P 值
截距项	-0.007475	0.011965	-0.624776	0.5415
X_2	0.011946	0.000261	45.783880	0.0000
决定系数	0.992895	Mean dependent var		0.402415
调整的可决系数	0.992421	S. D. dependent var		0.375945
标准误差	0.032728	Akaike info criterion		-3.891022
残差平方和	0.016067	Schwarz criterion		-3.792997
对数似然值	35.073690	Hannan - Quinn criter.		-3.881278
F 统计量	2 096.164000	Durbin - Watson stat		1.772501
F 统计量概率	0.000000	Dependent Variable		Y_2

其回归方程为 $Y_2 = -0.007475 + 0.0119460X_2$（见图 5 - 14），其 $R^2 = 0.992895$，非常接近 1，说明拟合度贴合高，而 $F = 2096.164$，数值较大，而 P 值较小，两者关系显著，说明 HT 玉米种植面积每增长 1%，草甘膦单位英亩使用量就增加 0.011946 磅。这似乎与种植 HT 玉米的初衷相违背，种植 HT 玉米初衷是增强玉米的耐除草剂的性质，从而可以使用更少的除草剂就能达到预定的除草效果，还不会因此使玉米因除草剂使用而减产。

表 5 - 14   HT 玉米种植面积与除草剂总量回归结果

变量	系数	标准误	t 统计量	P 值
截距项	2.304343	0.085243	27.032550	0.0000
X_2	-0.003163	0.002340	-1.351663	0.1995
决定系数	0.123221	Mean dependent var		2.218881
调整的可决系数	0.055776	S. D. dependent var		0.227875
标准误差	0.221429	Akaike info criterion		-0.053863
残差平方和	0.637401	Schwarz criterion		0.040544
对数似然值	2.403970	Hannan - Quinn criter.		-0.054868
F 统计量	1.826993	Durbin - Watson stat		0.558305
F 统计量概率	0.199534	Dependent Variable		Y_3

从表 5 - 14 中更能看出这一关系，那就是 HT 玉米种植面积与除草剂总量之间没有显著的一阶线性关系。从数据表上看，自 1996 年以来，玉米农场的除草剂使用率缓慢下降，但从 2002 年开始略有增加，并在 2008 年达到顶峰。后又有下降的趋势，玉米除草剂的使用量从早期每英亩约 2.7 磅降至每磅不到 2 磅。但随后几年增长适度，并逐步增加到 2.3 磅。

产生这一现象的原因可能是 HT 玉米的种植最初减少了除草剂的使用，但杂草种群中的除草剂抗性可能促使农民近年来提高施用率，从而抵消了 HT 玉米使用除草剂的一些经济和环境优势。但尽管如此，草甘膦在除草剂使用中所占的比例却在不断上升，因此美国农业部经济研究局的研究人员认为 HT 玉米种植的主要作用是用草甘膦替代更传统的除草剂，其理由是草甘膦的毒性相较于传统除草剂更小，在土壤中存在的时间更短，可降解程度更高，这也解释了为何草甘膦的使用量随着种植面积的增加而显著增加这一现象的产生。

因此转基因生物技术作为农业科技技术的一部分，尽管直到今天还存在着不小的争议，但是得益于美国对待此农业技术开放的态度，转基因农产品及其技术的广泛应用实实在在地促进了美国农业的发展。根据美国农业部基于田间试验和农场调查研究结果，转基因作物的广泛种植减少了农药（包括杀虫剂和除草剂等）的使用量。此外，大多数实验田间试验和农场调查表明，转基因作物的产量通常高于常规作物，除开转入了促进产量增长的基因外，这些转基因作物的抗性性状能够抵抗昆虫、疾病或者自然环境带来的侵害并因此减少的产量的损失，而产量增加这一结果直接影响了美国农场主的收入，同时转基因作物较常规作物更易在复杂的环境中存活，也降低了各方面的投入成本，这两项相互作用使得美国农场主的平均收入普遍增加。可以说，美国转基因农产品科技政策的实施从短期来看是十分成功的，由于目前转基因技术风险仍然未知，其长期影响仅从现有的情况来看还是很难预测的。

第四节　本章小结及启示

从政策的制定初衷到最后的执行情况来看，美国政府执行政策的效果在总体上看是非常成功的。20 世纪 30 ～ 60 年代主要采用环境型农业科技政策，提前为农业科技政策的快速发展铺路，70 ～ 80 年代则采用供给型政策，着重强调国内科技研发，90 年代则采用需求型政策，重新注重海外先进农业技术的引进，21 世纪以来则强调多种政策类型互相组合、发挥协同作用，全面发展。从细节上看，首先美国联邦政府在农业科技研发、农业高等人才教育以及农业信贷的资金投入回报丰厚，促进美国农产品产量持续增长，科研实力傲居全球之首。其次在平衡农业发展和环境保护的问题上，美国运用先进的科技技术，使传统农业逐步转向绿色农业、生态循环农业的方向发展。此外，美国利用其高效的农业推广体系，迅速将科研成果转化为可操作性强、实用性高的实用型技术，提高了农民的收入，同时也提高了科技在农业中所占的比重。最后，在对待如转基因技术这类起步较晚、发展不太成熟的新兴高新农业技术时，美国政府采取的是开放且严谨的态度。即在可控制的范围内不过分干预其发展，但在总体发展的宏观方向上予以一定的控制。得益于这样一套法律保障完备，先进成熟的农业科技体系，今天美国的农业发展之路仍然是许多国家竞相学习的对象。既可以学习到成功的经验，又可以避免走弯路、犯重复性错误。其对中国农业科技政策执行的启示有：

一、完善健全农业科技立法

从美国的农业科技政策发展来看，其必定是伴随着法律的发展，一切的政策制定背后都具有法律效力的支撑和有效的执行。这首先为农业科技政策的顺利实施提供了前提大环境。在中国，尽管有《农业法》《科技成果转化法》以及《农业技术推广法》等法律文件来规定要发展农业科技创新，但是无论是从数量上还是质量上来看都是不够的。数量上，仅仅停留在宏观、整体的层次，而没有深入细节方面。质量上，现有的几部法律内容已经逐渐变得不再适应中国现代农业的发展趋势的需要，如《农业技术推广法》中对落后的生产工具使用限制没有明确的规定。除此之外，地方政府的换届或者科研机构的人事变动还会导致之前推进的农业项目中止甚至直接废除，很多科研项目最后得不到完成。这亟须我国开展适应基本国情、农业发展规律的新的农业科技立法工作。

二、科学建设农业科技体系

农业科技体系包含着农业成果推广、基层农业服务机构、农业信息化服务设备以及相关的法律法规等方面。我国基层农业科技推广机构较少，许多优秀的科研成果不能快速融入农业生产活动中，传播渠道十分有限，比如许多农业技术的传播仅仅只是靠着农业人员的经验之谈。再加上农业信息化发展起步较晚，较发达国家落后，导致大量的农业科技人才倾向于国外发达国家就业，造成人才流失。而法律的不完善也致使农业科研成果不能得到好的保护，使得成果推广难上加难。

虽然美国拥有完善、成熟的农业科技创新体系，但是我国农业科技体系的建设不能直接原封不动地照搬照抄，而是应该取其精华、弃其糟粕，结合我国的基本国情和遵循客观的农业发展规律，逐步推进体系的构建。如在现有的管理机制的基础上建立乡镇级的农业科技推广中心，加强农业企业与农业科学研究院的合作；以政府资金投入为主导，同时鼓励企业和社会对农业科技资金的投入，共同开展基础农业科技的研究；在重大高难度技术、国家战略高科技研究领域可以定向委托国家级的科研机构，而在实用性、商业性的农业科技技术上开展社会的良性竞争，对实验基地、科研中心的科研目标和实际完成情况从多个方面进行考核评价，创立激励制度，提高农业科技技术从研发到推广实施的效率。

三、加强农业科技教育

研发创新型的农业科技技术离不开农业科技人才，农业科技人才的水平直接影响着农业科技政策的制定和农业科技体系的建立。中国高级农业科技人才不仅数量极为稀少，而且流失严重。首先，要在社会上消除人们对"农业"二字的歧视，一谈到农业或者农业大学，许多人联想到的就是不仅辛苦而且收入低，而读了农业大学将来没有前途，父母费尽千辛万苦把孩子从乡村送去读大学，最后又回到乡村种地，这让许多具有传统思想的父母不能接受。因此需要人们清楚理解到，这种歧视性的观念是十分错误和荒谬的，农业作为一个国家经济发展的基础，是重要且不可或缺的。当然，这种现状不是一朝一夕就能迅速改变的，这需要国家正确引导农业发展方向以及在一代又一代的教育中改变。其次，借鉴美国"赠地大学"的发展模式，提升农业大学的社会地位和配套的资金支持，在完成对农业人才培养教育的基础上还要完成一定量的科研项目，同时对接政府所辖的研究院和农业企业，达成产—研—学三位一体的发展模式。最后，密切关注国际先进的农业科学技术，加强国际间农业发展的交流合作，引进海外优秀农业科技人才，在产品研发和农业教育上共同推动国内整体农业科技水平进步。

四、注重农业可持续发展

中国作为世界上人口第一大国，需要大量的农产品来满足人口增长、经济发展的需要，因此，长期以来，我国农业科技政策制定的主要目标都围绕着农产品产量的增长和新品种的培育。这也是为了解决粮食产量问题和顺应国情的需要。但是近年来，随着"绿水青山就是金山银山""发展经济不能以牺牲环境为代价"等口号以及观念的提出，国家也越来越重视环境的保护，一些传统政策对环境不够重视的问题也暴露了出来。因此，在快速提升农业科技实力的同时，还要重点关注农业的可持续发展、生态农业、绿色农业科技等环境友好型发展之路。

第六章

中国农业科技政策执行机制
优化的策略研究

前文研究以"农业科技政策执行"为研究对象，遵循"机理分析—明晰现状—成效评判—经验启示—机制优化"的脉络，综合应用理论推演、文献计量、政策文本分析、计量分析等方法，对中国农业科技政策执行作用机制的机理、农业科技政策执行的历史演进特征及趋势、农业科技政策执行的效果评价等主要内容进行了阐述，并梳理分析了美国农业科技政策执行的经验，本章在此基础上，将重点就如何优化中国农业科技政策的执行机制进行分析。

第一节 我国农业科技政策执行机制
存在的问题及原因分析

农业科技政策执行机制过程总体上包括"政策调研—政策颁布—政策传导—政策执行—政策评估和反馈—政策完善"等过程，在以上的诸多环节若存在缺失和缺位的状况，都将直接影响农业科技政策执行机制的完善与否，进而影响到其作用效果的发挥。

一、政策权责机制不明确，部门协同沟通不畅

科技政策作为促进现代农业发展的重要手段，是政府有关部门重要政策手段，据不完全统计，1985 年 3 月至 2019 年 9 月，与农业科技政策有关的文本有 958 条次，其中中央层面文件 175 件，31 个省区市（不含中国台湾、香港和澳门特别行政区）的文件 783 件，如图 6 - 1 所示。从政策发文单位来看，在中央部门层面，农业科技政策执行主体主要有中共中央和国务院、农业农村部（原农业部）、科学技术部和财政部等，在地方层面上颁布主体主要有省委省政府、省科学技术厅、省农业农村厅（原农业厅）、省财政厅及市政府等部门参与。农业科技政策执行效果的高低与政策权责机制畅通与否高度关联，当政策管理的权责不明确时，由于中央政府各部门间、中央政府和地方政府间、各地方政府及部门之间基于不同利益考量，可能会出现部门间信息交流不畅、协同度不

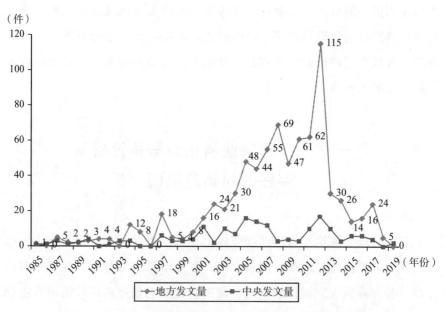

图 6 - 1　1985 ~ 2019 年中央部门和地方政府农业科技政策发文量

够、积极性不高等问题，进而带来农业科技政策执行路径受阻，执行效率下降、有效反馈也表现不足。事实上，改革开放以来，中央政府和地方政府关系已有了重大变迁，然而"上有政策，下有对策"却成为了农业科技政策执行中长期的一种普遍现象，尤其是改革的不断深入和地方政府分权的发展，这一现象呈加剧之势。突出的表现有：政策执行过程敷衍、选择性执行或政策附加性执行，这本质上是农业科技政策执行过程中政府部门权责利不明确原因导致的，这些行为违背了农业科技政策制定的最初设定目标。

二、政策传导机制不完善，政策作用时滞较长

农业科技政策执行机制的作用效果，本身来讲往往需要较长的一段时间显现，其中有效的政策传导机制对政策效果的发挥至关重要。影响农业科技政策传导效率的因素主要有各部门的协同度、政策需求主体认知水平和接受度、传导介质优劣程度，然而当前我国农业科技政策执行过程中部门与部门间协同度并不高，推诿扯皮的事情时有发生，同时广大的农业科技政策需求主体—农户认知和接受能力还很有限，农业从业者文化程度与其他行业从业人员相比普遍较低，政策传导介质的选取往往一刀切，可能与当地政策的实际需求并不相符，此外解决我国"三农"问题的主要政策供给较多，但较多情况下农业科技政策扶持内容和额度从人均角度来讲还很有限，导致农业创新主体积极性不高。

三、政策反馈机制不健全，政策纠偏能力受限

当前，我国农业科技政策的执行多以"行政机关为中心"，主要采取行政式手段予以推行，在执行中央关于农业科技发展的方针政策时，政策传导方向往往更多体现为由上往下，由中央往地方，层层传达的局面，但与此同时，从下往上的农业科技政策需求还不能够得到有效反

馈，具体体现在农业从业者政策的话语权有限、委托代理成本过高、协调性有限，农业科技政策传导链条的下游主体反馈的积极性受到影响，进而政策供给主体缺乏对农业从业人员需求的正确了解，最后会影响到农业科技政策执行机制的完善及执行的效果。

四、政策监督机制不完备，主体缺少有效约束

我国农业科技政策执行监督主体由于各种原因未能有效行使其对农业科技政策执行主体的监督职能，主要表现在政策执行监督主体权力受限，包括监督机构制度性建设不足、监督主体监督意识淡薄、公众或社会组织行使监督权的渠道有限等。事实上，我国农业科技政策评估作为政策监督机制建设的重要内容，当前其发展还比较滞后，尤其是缺少专门且独立的政策评估组织，农业科技政策实际效果往往难以评判，无法发挥政策评估等专门机构的监督作用。

第二节　中国农业科技政策执行机制
构建及优化策略

一、农业科技政策执行机制建构的目标和原则

（一）农业科技政策执行机制构建的主要目标

农业科技政策执行的目标旨在用科学技术创新手段来解决农业发展中的现实问题，根据解决问题的不同，农业科技政策的目标可分为农业经济产出目标、科技创新目标、人才培育目标和生态环保目标四种。

（1）经济产出目标。农业科技政策执行最基础的目标就是实现农业经济产出可持续增长的目标，旨在为保障国家粮食和食品安全和农业增

产增收，提升农产品质量和创新农业发展方式注入新动力。

（2）农业科技创新目标。农业科技政策的重点在科技，以科技促进农业的发展是农业科技政策的核心。现阶段，我国农业科技政策主要目标一是要夯实农业生产能力基础，稳定粮食产量，确保粮食安全；二是需要加快农业创新驱动，推动农业发展方式转型，早日实现农业现代化。因此，农业科技政策执行的科技创新目标应集中在保障粮食安全和农业现代化发展方面，鼓励持续加大农业基础研发的投入，与此同时紧跟农业基础科研优先领域和前沿方向并逐步加大投入水平，为抢占现代农业科技制高点打好坚实的基础。

（3）农业创新人才培育目标。现代农业发展的根本出路在于农业科技进步，而科技人才则是促进农业科技进步的第一资源，其中基础研发人才的培育是农业科技持续创新的保障，而基层农业科技人才的培养是农业科技有效使用的重要保障，有鉴于此，农业科技政策也应该将人才培养作为关键的政策执行目标。其具体来看又包括两个方面的内容：一方面要优化农业科技资源的配置，注重农业科技创新研究人才的培育；另一方面相关政策要向基层倾斜，重视基层农业技术人才的培养。

（4）生态环保目标。生态环保成为农业发展迈向高级阶段的鲜明标志，当前推进农业绿色发展是中国农业发展史上浓墨重彩的一笔，也是农业供给侧结构性改革的优先战略方向。农业科技政策不仅要成为推动农村经济发展的有效助力，更要在政策执行过程中突出绿色导向，引导农业科技创新方向和重点领域向生态、循环和可持续等方向发展，提升农业绿色发展的科技水平。

（二）农业科技政策执行机制构建的原则

（1）系统性与灵活性相结合。系统性要求政策执行者积极且全面理解农业科技政策的目标和相关内容，对标农业科技政策设定的目标，分步骤有计划地安排农业科技政策的执行，而灵活运用则需要在不偏离科技政策目标本质内涵的基础上，为保障农业科技政策的有效执行，结合政策实施地的具体环境善于变通，灵活处置。

（2）实事求是与创新性相结合。实事求是在政策执行中就是遵循政策执行的规律处理政策实施中宣传、计划、调整、评估、终止等各个环节和步骤的关系，与此同时还需对政策执行中主要环境、内外部条件变化保持敏感性，能够评判政策执行的时机是否适宜。农业科技政策执行的创新性就是要有迎难而上的勇气和魄力，利用创新性思路克服不利因素，使农业科技政策顺利执行。

（3）及时性与效益性相结合。一项农业科技政策的出台往往有着特定的时代背景，因此农业科技政策执行过程中需要系统考量时间因素。从政策需求信息的掌握、政策的颁布执行、政策的传导、政策的评估及反馈等都需要做到及时，此外，农业科技政策在执行过程中往往需投入较多的人财物等资源，而从政策执行有效性的角度来考虑，要尽可能地降低投入增长政策的产出，体现出成本效益的原则。

二、农业科技政策执行机制路径分析

农业科技政策执行路径是指政策颁布者提出的政策目标、政策工具和评价准则，它们共同形成了达成政策决策者所设计目标的行动路线图。一般来说，农业科技政策执行目标相对明确，因此研究借鉴杨宏山（2014）等学者的相关研究，将农业科技政策的执行路径按照政策工具、评价标准是否明确分为三种情况，具体见表 6 - 1。

表 6 - 1　　　　　　　　　　农业科技政策执行路径分类

农业科技政策路径	政策目标	政策工具	评价标准
明晰	明确	明确	明确
较明确	明确	模糊/明确	明确/模糊
模糊	明确	模糊	模糊

（一）明晰的农业科技政策执行路径

当政策制定主体对农业科技需求、农业科技发展中亟待解决的问题的了解非常全面时，在政策文件中就会明确提出政策目标、政策工具以及评价标准。这个时候，政策文件传递到下级执行主体时，就只需要按照行政科层组织体系，对照政策文本中指明的政策执行方向和标准使用指定的政策工具实施政策，其政策执行路径如图 6 - 2 所示，体现为一种行政性执行模式。

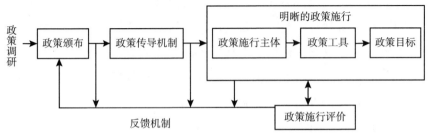

图 6 - 2　明晰的农业科技政策执行路径

（二）较明确的农业科技政策执行路径

当农业科技政策制定主体有明确的政策目标，但对于使用何种农业政策工具存在分歧和疑问，或者对于政策执行的评价标准不清晰时，政策执行主体就可能依靠自身逻辑判断，具体效果具体分析，制定执行相应的方案，体现为一种变通性执行模式。

（1）农业科技政策工具模糊、政策执行评价标准明确时的执行路径。政策工具模糊给予政策执行者使用不同农业科技政策工具的空间，但执行标准明确又对执行过程提出较高的要求，这时政策执行者会评估政策工具的使用是否达到标准，直到选择出最合适的工具，具体见图 6 - 3。

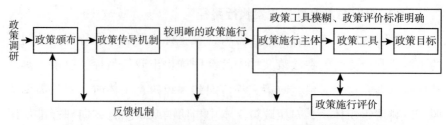

图 6 - 3　政策工具模糊、政策执行评价标准明确时的执行路径

（2）农业政策工具明确、政策执行评价标准模糊时的执行路径。当农业科技政策执行评价标准模糊时，政策执行主体有动机变通使用政策工具以谋取自身利益。此时，政策执行主体缺少约束，若执行主体原则性不强，就会在政策执行过程中利用权力变通甚至变相执行以达到自身利益的满足。同时，由于对执行过程没有一个评价标准，无法对执行过程进行全面有效的评价，导致政策执行反馈受阻。如图 6 - 4 所示，该执行路径具有较大阻碍。

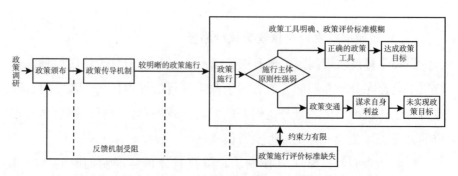

图 6 - 4　政策工具明确、政策执行评价标准模糊时的执行路径

（三）模糊的农业科技政策执行路径

当农业科技政策执行过程中只明确了政策目标时，政策执行主体在政策执行中自由度很大，这时其主观态度和自身水平差异将会促使农业科技政策执行路径发生变动。当政策执行主体认为政策执行存在难度而自身水平无力支撑农业科技政策的执行时，政策执行选择路径可能表现为不执行或敷衍执行模式；而当政策执行主体意识到政策执行有难度但绝对有条件达成政策目标时，政策执行路径选择实验性执行，即政策执行"摸着石头过河"，此时这种方式将有助于探寻更为有效的政策工具，明确农业科技政策执行过程中的问题和成因，进而设置科学合理的政策执行的评价标准，当然不容回避的事实是，也更容易出现政策变相执行、政策附加执行等现象。该情境下农业科技政策执行路径如图6-5所示。

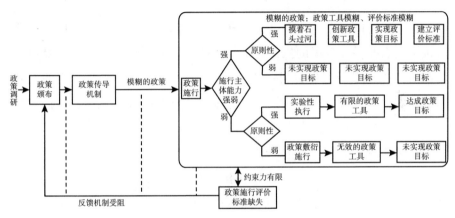

图6-5　模糊的农业科技政策执行路径

三、农业科技政策执行过程的阶段划分

农业科技政策的执行过程主要可划分为政策启动及细化（含前期调研）、政策传导、政策执行、政策评估和反馈四个阶段。

1. 农业科技政策启动及发布阶段

首先，由党中央和国务院根据农业发展新形势的客观需要，委托国家发展改革委、农业农村部、科学技术部、财政部等国家部委制定包含农业基础研发财政补助、农业科技创新企业税费减免、农业科技活动投融资、农业知识产权保护等全局性农业科技支持政策，通过前期的政策调研、审议等程序后，以法律文件、指导意见、实施方案、规划等方式印发并要求省级党委和政府，结合实际情况细化执行；接着，省一级党委和政府部门在省域范围内比照国家农业科技政策出台执行措施，并印发给各市、各县党委及政府贯彻落实；最后是县一级党委及政府需要因地制宜细化执行，具体针对政策的细化问题非常关键，这一方面需要各地有关部门熟悉农业科技政策文本的相关内容、政策目的和实施精神，另一方面则需要当地政府部门综合考虑本地区农业经济发展实际，因地制宜地将中央政策细化和具体化。

2. 农业科技政策传导阶段

政策传导机制作为政策执行的重要组成部分，其发挥作用的好坏将直接影响农业科技政策的执行效果。政策传导机制建设一方面涉及科技政策的传播效率的问题，另一方面还体现出科技政策工具选用的有效性，如农业科技政策执行往往可以通过改变资源投入的流向，进而实现农业科技政策的有效传导。

3. 农业科技政策直接执行阶段

在这一阶段，农业科技政策供给主体和需求主体将直接联系和接触，两者结合和协同的程度的情况将直接影响农业科技政策执行的效果，在此期间，如何激励各类主体的积极性异常重要，如果地方政府对国家农业科技政策消极对待或农业从业者对农业科技政策不敏感，都将形成对农业科技政策执行的阻滞因素，与此同时这个阶段还将不断地产生各种政策执行的反馈信息，如果能善于吸纳一些积极信息将助于农业科技政策执行机制后续调整和完善。

4. 农业科技政策执行的评价及反馈阶段

经过农业科技政策的执行活动，农业从业人员或涉农企业的生产经营行为发生了改变，其他影响农业产业发展的因素也会变化，然而这些农业科技政策执行结果是否与政策制定者预期设定目标相符？是否与政策供给主体和需求主体的要求相适应？有哪些相关因素影响农业科技政策的执行？等等，这些问题的解决将形成对其农业科技政策执行情况的系统把握，即对农业科技政策执行效果的评价，此外农业科技政策执行效果的及时反馈也相当关键，其直接影响到农业科技政策体系的优化和提升问题。

四、农业科技政策执行机制优化的总体框架、主要内容和具体策略

（一）农业科技政策执行机制的总体框架和主要内容

1. 农业科技政策执行机制的总体框架

根据图6-6，农业科技政策执行机制的总体框架包括的内容有：中央政府及其国家发展和改革委员会、农业农村部、科学技术部和财政部等组成部门按照农业农村发展的实际需要，在前期充分政策调研、讨论和审议的基础上，颁布实施相应的农业科技政策，并预设政策执行的目标期望，接着并借助于法令、规章、指导意见、实施方案、规划、通知等政策文本的形式将具体农业科技政策的完整内容传达给地方政府部门，这是农业科技政策执行过程的启动阶段，在此期间中央政府层面提供的政策方案总体偏方向引导，并尽可能为政策执行营造良好的舆论环境，并提供必要的财政支持；接到中央下发的农业科技政策执行总体方案后，地方要组织学习理解政策文本的核心内容，并系统掌握本地区农业科技政策需求类型等，在此基础上组织专家细化执行方案并讨论方案的可行性，进而完成中央政策文本的本地化，在此基础上将细化后的执行方案通过各类媒介传达给农业政策需求的对象；高等学校、农业科研机构、农业企业及农民按照细化后的方案合理安排自身的研发、生产及应用活动；地方本土化后的农业科技政策实施方案对于农业政策客体的影响，主要通过影响农业基础研发、农业科技成果转化、农业生产技术创新、先进农业技术采纳行为等方面来实现的，具体的农业科技政策措施有：财政科技投入、财政补助、税费减免、知识产权制度建设等内容；农业科技政策执行后，其发挥效果往往需要一定时滞，因此经过一定的时间，农业科技政策执行后农业产业发展状况会发生变化，包括农业经济产出规模、农产品及技术市场容量、农户农业可持续技术采纳等，农业科技政策执行的效果逐步呈现。在此期间，需要及时开始农业

科技政策执行的效果评价及影响因素分析,并及时就政策内容本身或政策效果等方面开展反馈活动,并根据评价反馈有关的结果一方面用于完善现有农业科技政策执行机制,另一方面能为下一轮农业科技政策的出台或调整提供切实理据。

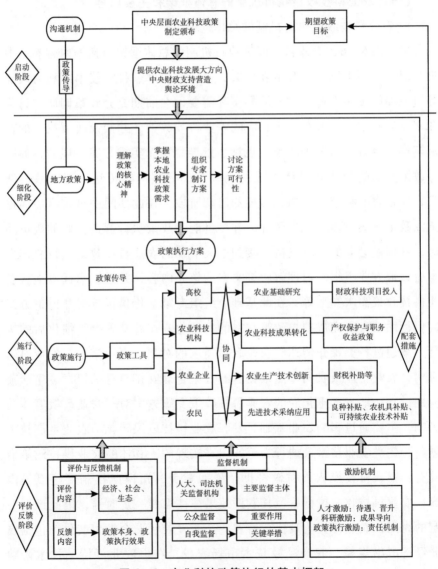

图6-6 农业科技政策执行的基本框架

此外需要说明的是，为约束各阶段政策执行主体的行为，整个农业科技政策执行阶段都要开展有效的人大司法监督、公众传媒监督和自我监督。

2. 农业科技政策执行机制优化的主要内容

政策执行宏观环境的优化。农业科技政策执行环境是政府政策执行系统重要构成要素，而良好政策执行环境能有效整合政策执行系统的其他要素，进而推动政策目标的实现。其一般包括政策舆论环境、法律制度环境、经济环境、文化环境、社会环境和自然环境。

政策传导机制的优化。政策传导机制就是运用农业科技政策到实现政策目标的过程，政策传导机制是否完善及提升，直接影响农业科技政策执行效果及其对农业农村发展的贡献。其内容一般包括政策主体、政策客体、政策工具、中介目标及政策最终目标，其中一项科技政策颁布时政策主体、客体和最终目标往往相对明确，尚可进一步调整和优化的内容主要在于政策工具和中介目标，如针对农业科技政策执行客体农业科技机构来说，其中介目标的选取可重点关注于农业科技成果转化中介目标，在具体政策工具选择方面则需要精准施策并可操作，如加强农业知识产权保护和职务成果认定等。

政策执行主体约束及监督机制的优化。政策执行主体行为如果得不到有效约束，在农业科技政策执行过程中可能出现变通执行以谋求自身利益最大化，或敷衍执行，或相互推诿扯皮，这都无法达成政策制定的最初目标，因此对政策执行主体要予以制度上的有效约束，除强化自身监督以外，要更多引入外部监督，尤其是第三方监督机制。

评价及反馈机制的优化。从一个完整的农业科技政策执行过程来说，除了合理的政策传导和有效的执行外，还需要对政策执行效果进行科学全面的评价，同时在政策执行过程中还能形成积极反馈，至此农业科技政策的执行过程形成一个完整的闭环。这些政策评价和反馈的信息均是指导完善农业科技政策执行机制的重要因素，进而也将影响到政策执行的效果。

配套及激励政策体系优化。农业科技政策执行过程中需要一定的配套及激励措施做支持，配套政策方面包括：金融服务机构（农业研发贷款、贴息）、第三方咨询（农业技术服务咨询、政策咨询）、公益机构建设（信息服务机构、农业科技推广、技术援助）等。

（二）农业科技政策执行机制优化具体举措

按照上述内容借助有关于农业科技政策执行机制问题及原因分析、农业科技政策执行机制构建的目标和原则、多种模式下的农业科技政策执行路径机理分析及农业科技政策执行，从全面深化农业科技体制机制改革、构建农业科技投入稳定增长的政策体系和优化农业科技创新资源配置结构等方面给出了优化我国农业科技政策执行机制的具体策略。

（1）全面深化农业科技体制机制改革。以落实粮食安全等国家安全战略为前提，加强农业科技体制机制创新，深耕农业供给侧结构性改革，紧紧围绕创新驱动农业现代化的战略方向，明确政府和市场分工，破除制约科技创新的体制机制障碍，加快政府职能转变，通过不断改善市场环境和组织体系带动科技成果转化应用与现代农业发展，促进经济有质量增长。

市场化的资源配置政策。全面贯彻落实科技引领现代农业发展，关键是要释放出市场配置农业创新资源的决定性力量，让农业科技成果通过市场渠道惠及大众。在农业科技资源配置、科技重点研发方向、关键技术路线选择上体现市场力量，这既需要政府职能从研发管理向创新服务转变，持续推进简政放权、放管结合、优化服务；同时也要放手让市场"说话"，突出私营部门创新的作用，加快建立由市场决定技术创新立项、实施和评价的机制。

组织化的政府引导政策。做好农业科技管理体制改革的顶层设计，充分利用"部际联动、省部联动"发展机制，有效发挥制度优势在农业科技创新组织管理中的引导作用。要结合当前乡村振兴战略总要求，积极参与构建政产学研用一体化和农业产业上中下游一条龙的科研创新组织体系，切实把科技创新摆在现代农业发展全局的核心位置。通过适宜的政策安排，组织和引导农业科研院所、高校和科研人员积极参与"一带一路"建设，强化农业科技人文交流和项目合作，发挥不同国家的比较优势，促进区域和全球农业创新资源整合。

成果导向型利益分配政策。充分体现增加知识价值的收入分配机制，根据贡献和考核情况确定农业科技研发人员绩效工资水平，充分发挥财政农业科技投入政策的激励引导作用。积极探索通过市场配置资源加快农业科技成果转化、实现知识价值的有效方式，根据项目类型，明确项目承担单位和完成人之间的收益分配比例，探索赋予农业科研人员科技成果所有权或长期使用权，进而增加科研人员的成果性收入。

（2）构建农业科技投入稳定增长的政策体系。以提高农业全要素生产率为抓手，建立农业科技创新投入稳定增长的长效机制，逐步提高农业研发、转化和推广投入占农业增加值的比重。充分发挥财政资金的引导作用，激发多元主体农业创新创业内生动能。完善研发资产与项目资金监督与约束机制，健全农业科技投入效果评价，实现经费支出帕累托最优。

多元主体的参与机制。统筹财政资源，优先保障现代种业、绿色环保、智能信息等重点农业科技项目资金需求，加大对基础专项、应用示范与行业共性关键技术研发等的扶持力度，并围绕农业创新短板精准政策设计，扩大财政扶持受惠面。促进科技与金融融合，尝试农业新技术专利权质押融资和贷款贴息，完善质押融资风险管理机制，加快建立风险共担的运作机制，借"金融活水"为研发型涉农中小企业"解渴"，创设国家农业科技创新创业投资引导基金，探索设立涉农企业科技研发和成果转化风险基金，带动社会资本投入科技创新领域，助推完备的私营部门农业创新体系的形成。

要素投入的约束机制。确立农业科技投入与经济发展阶段相适应的观念，加强农业科技创新资源的整合。建立资助项目动态管理系统，通过主管部门之间的数据共享和联合查重，防止多头申报、重复申报。建立农业科技项目的立项程序和评估体系，优化农业科技投入结构，引导低碳、智能、高效的农业产业技术创新。规范农业科技研发资金的项目管理，强化预决算和绩效考评，充分发挥审计和监察的作用，让科研资产和经费使用管理在阳光下运行。

持续投入的内生机制。一方面要把农业科研投入放在公共财政支持的优先位置，提高农业科技在国家科技投入中的比重。通过整合各类财政资金，强化创新投入，建立农业科技创新有效投入持续增长机制，并实行农业科技资金择优分配，发挥其杠杆作用和集聚效应。另一方面要通过政策及投入资金的引导，带动企业、金融机构及社会其他力量增加人财物投入，鼓励各种私营部门参与农业科技的研究开发、示范推广和农民培训，积极引进科技人才，通过创新能力的持续提升助推各类主体建立自发的内生投入机制。

健全成果的评价应用机制。突出成果的"三农"导向，并在强化农业产业认知基础上革新农业科技成果评价机制。以创新驱动为引领，突出市场机制作用，构建差别化农业科技评价制度。成果评价首先应服务于农村创新创业，体现科技投入的经济、社会和生态价值。其次，要应用于现代农业产业体系建设，推进农业领域"产业兴旺"。最后还要作用于农业科技成果转化体系，进而提升农业创新主体研发及转化能力。

（3）优化农业科技创新资源配置结构。以提升农业科技资源配置效率为目标，优化科技创新供给主体的结构，发挥好财政科技投入政策的引导激励作用和市场配置农业创新要素的政策导向作用，打破制度约束，提高农业科技资源在不同领域、时间和空间上的配置质量。

引导投入主体结构的优化。通过政策激励引导社会资源投入创新，形成财政、金融和社会资本多方投入的新格局，充分重视农业龙头企业等私营部门研发创新能力的培育，并逐步构建起包括有产业化和基础研究、应用研究及成果转化相协调统一的可持续机制。依托金融资本、社会资本等政策性和市场性手段有针对性地调动全社会各方面的力量，开展项目的协同创新和区域分享合作，加速形成农业供给侧改革的内生力量，稳定持续地向市场提供更多更优的农业科技成果，满足农业新产品需求。

推进资源配置结构的优化。按照农业科技资源配置的基本市场逻辑，要匹配经济发展的阶段特征，并配合国家的"三农"战略方向。协同推进科技、人才、教育改革和农业供给侧结构性改革，进而夯实各类主体的基础创新能力，大力推进农业高新技术产业示范区建设，扩大农业高新科技成果的供给，支撑引领现代农业产业创新发展，走质量兴农、绿色兴农之路。建立以科技创新质量、贡献、绩效为导向的分类评价体系，结合不同创新主体的功能定位进行灵活、柔性的资源调配。

促成配置空间结构的优化。加快推动公共科技资源开放共享，通过实施国家重大农业科技基础设施管理的办法，提升广大涉农高校、农业科研院所科研设施的共建共享程度，支持"国家农业科学数据共享中心"等科技基础条件平台对外开放共享和提供技术服务，完善技术创新市场导向机制，鼓励产学研结合、大中小企业组成农业产业技术协同创新联盟，推进现代农业产业技术体系建设，彻底打破农业科技资源配置在行政区划和制度上的藩篱，引导和支持农业科技资源向精准扶贫一线深入，让中西部广大区域和各类城乡创新主体分享市场创新的红利。

营造良好的农业科技创新生态环境。以营造服务创新的良好环境为主旨，建立有利于激发市场创新投入动力的制度环境，发挥金融财税政策对科技创新投入的放大作用，形成恪守诚信、甘于奉献、敢为人先、宽容失败的文化氛围，引导和推动各类主体积极主动开展农业创新和创业。

着力优化创新的政策环境。确立农业科技政策在公共政策中的基础地位，充分发挥政府促进科技创新的主导作用，持续优化农业财政科技投入、财税扶持、创业融资担保、新产品新技术政府采购政策等配套政策供给，并依托"互联网＋"、大数据构建普惠性创新政策体系。优化人才支持政策，推进农业创新人才体系建设，保持高端人才和基层创新人才合适比例。加快"星创天地"等建设，通过市场化机制、专业化服务和资本化运作方式，营造高效便捷的农村科技创业服务环境，推进三产融合围绕"农业全产业链"履行职能，确保科技创新政策落到实处、见到实效。

构建科技创新的法律制度环境。强化农业科技创新的知识产权管理，切实保护农业创新主体的劳动成果和合法权益。紧紧围绕农业科技创新战略，积极创造有利于农业知识产权创造和保护的创新氛围，制定和完善与国家法律法规相配套的政府规章及规范性文件，支持行业协会和联盟开展农业知识产权工作，为农业科技创新保驾护航。坚决查处和制裁各种侵权行为，推动农业科技管理工作走上法制化轨道。

健全创新活动的市场环境。发挥市场在资源配置中的决定性作用，让各类创新要素充分活跃，形成推动农业科技创新的强大合力。完善农业科技成果使用、处置、收益管理制度，继续实施农业科研杰出人才培养计划，深入推进科研成果权益改革试点。建立符合农业科技创新规律的基础研究支持方式，发展面向市场需求的新型农业技术研发、成果转移转化及创新创业孵化服务平台，让广大科技工作者创新成果在农业现代化的征途上"落地开花"。

营造良好的文化舆论环境。激发全社会创造活力，营造崇尚农业"大众创新、万众创业"的文化环境，在创新过程中，要鼓励创造、鼓励怀疑批判和允许失败。要挖掘、发挥好各式媒体在提升公民科学素质、弘扬科学精神方面的潜力，强化科学普及，提高公民科技创新素养。强化舆论引导广大农业科技工作者恪守学术道德，坚守社会责任。此外，要加快建设各具地方特色的农业新型智库，宣传强农富农美农政策，提升农业科技创新文化软实力。

参 考 文 献

[1] 操瑞青，方晓红. 农业科技传播的方式、效果及其创新——基于皖中 D 村的实地调查 [J]. 编辑之友，2018 (4)：12 - 17.

[2] 曹博，赵芝俊. 技术进步类型选择和我国农业技术创新路径 [J]. 农业技术经济，2017 (9)：80 - 87.

[3] 曾杨梅，张俊飚，何可，程琳琳. 农户农业技术采用现状、影响因素与对策：一篇文献综述 [J]. 科技管理研究，2017，37 (1)：119 - 123.

[4] 陈光燕，庄天慧，杨浩. 连片特困地区农业科技服务减贫成效影响因素分析——基于四川省 4 县农户的调研 [J]. 科技管理研究，2015，35 (18)：100 - 105，125.

[5] 陈佳贵，王钦. 中国产业集群可持续发展与公共政策选择 [J]. 中国工业经济，2005 (9)：5 - 10，33.

[6] 陈萌山. 加快体制机制创新　提升农业科技对现代农业发展的支撑能力 [J]. 农业经济问题，2014，35 (10)：4 - 7.

[7] 陈香玉，陈俊红，黄杰，龚晶. 农业科研院所科技推广效果及影响因素探析——以北京市农林科学院"双百对接"项目为例 [J]. 科技管理研究，2018，38 (24)：103 - 108.

[8] 陈向东，胡萍. 我国技术创新政策效用实证分析 [J]. 科学学研究，2004 (1)：108 - 112.

[9] 陈小洴，黄敖齐，于建宇，盛华定. 运用市场机制加速农业科技体制改革 [J]. 科技进步与对策，1999 (1)：47 - 48.

［10］程华，钱芬芬．政策力度、政策稳定性、政策工具与创新绩效——基于2000～2009年产业面板数据的实证分析［J］．科研管理，2013，34（10）：103－108．

［11］戴亦欣，胡赛全．开放式创新对创新政策的影响——基于创新范式的视角［J］．科学学研究，2014，32（11）：1723－1731．

［12］丁振京．路径依赖与农业科技推广体制改革［J］．经济问题，2000（9）：39－40．

［13］董江爱，张嘉凌．政策变迁、科技驱动与农业现代化进程［J］．科学技术哲学研究，2016，33（5）：104－109．

［14］杜伟．关于企业技术创新的制度激励之思考［J］．四川大学学报：哲学社会科学版，2001（6）：136－141．

［15］樊春良．科技政策学的知识构成和体系［J］．科学学研究，2017，35（2）：161－169，254．

［16］樊胜根，张林秀，张晓波．中国农村公共投资在农村经济增长和反贫困中的作用［J］．华南农业大学学报：社会科学版，2002（1）：1－13．

［17］樊胜根、菲利普·帕德、钱克明．中国农业研究体系——历史变迁及对农业生产的作用［M］．北京：中国农业出版社，1994．

［18］樊胜根．科研投资、投入质量和中国农业科研投资的经济报酬［J］．中国农村经济，1997（2）：11－17．

［19］范柏乃，段忠贤，江蕾．创新政策研究述评与展望［J］．软科学，2012，26（11）：43－47．

［20］付莲莲，邓群钊，周利平，翁异静．农业科技投入对农产品价格的动态效应——基于VAR模型的实证研究［J］．广东农业科学，2013，40（12）：211－215．

［21］付宏．美国《拜杜法案》对科技成果转化的促进及其启示［A］．北京科学技术情报学会．2018年北京科学技术情报学会学术年会——智慧科技发展情报服务先行论坛论文集［C］．北京科学技术情报

学会：北京科学技术情报学会，2018：12.

［22］高德步，王珏. 世界经济史［M］. 北京：中国人民大学出版社，2001：198.

［23］高道才，林志强. 农业科技推广服务体制和运行机制创新研究［J］. 中国海洋大学学报：社会科学版，2015（1）：93－97.

［24］高月姣，吴和成. 创新主体及其交互作用对区域创新能力的影响研究［J］. 科研管理，2015，36（10）：51－57.

［25］国务院. 国务院关于科技人员合理流动的若干规定［Z］. 1983－7－13.

［26］国务院. 国务院关于促进乡村产业振兴的指导意见［Z］. 2019－6－28.

［27］国家科委、国家体改委. 国家科委、国家体改委印发《关于分流人才、调整结构、进一步深化科技体制改革的若干意见》的通知［Z］. 1992－8－27.

［28］龚雅婷，孙立新，毛世平. 英国农业科技政策及对我国的启示［J］. 农业现代化研究，2018，39（4）：559－566.

［29］洪银兴. 科技创新中的企业家及其创新行为——兼论企业为主体的技术创新体系［J］. 中国工业经济，2012（6）：83－93.

［30］侯剑华，杨秀财. 非正式学术共同体对知识传播的影响研究——以国际图书情报领域为例［J］. 情报杂志，2017，36（2）：176－181.

［31］韩艳旗，王红玲. 美国农业生物技术研发市场结构特点、成因及其启示［J］. 中国科技论坛，2009（10）：139－144.

［32］何迪. 美国、日本、德国农业信息化发展比较与经验借鉴［J］. 世界农业，2017（3）：164－170.

［33］胡紫玲，沈振锋. 从《莫里尔法案》到《史密斯－利弗法案》——美国高等农业教育的发展路径、成功经验及其启示［J］. 高等农业教育，2007（9）：86－88.

［34］胡虹文，杨艳萍. 我国农业科技体制改革探索［J］. 经济体

制改革，2003（5）：76－78.

[35] 黄萃，任弢，张剑. 政策文献量化研究：公共政策研究的新方向 [J]. 公共管理学报，2015，12（2）：129－137，158－159.

[36] 黄红光，白彩全，易行. 金融排斥、农业科技投入与农业经济发展 [J]. 管理世界，2018，34（9）：67－78.

[37] 黄季焜，胡瑞法. 农业科技投资体制与模式：现状及国际比较 [J]. 管理世界，2000（3）：170－179.

[38] 黄季焜、胡瑞法. 中国农业科研投资：挑战与展望 [M]. 北京：中国财政经济出版社，2003.

[39] 黄俊辉，李放. 解读政府责任的新路径：政策价值—政策目标—政策工具 [J]. 岭南学刊，2015（3）：27－31.

[40] 黄曼，朱桂龙，胡军燕. 创新政策工具分类选择与效应评价 [J]. 中国科技论坛，2016（1）：26－30.

[41] 黄佩民. 中国农业科学院成立的前后 [J]. 古今农业，2007（2）：101－109.

[42] 黄玉银，王凯. 公益性农业科技服务体系的绩效、问题及优化路径——基于江苏三个水稻示范县的调查分析 [J]. 江海学刊，2015（3）：92－98.

[43] 江飞涛，李晓萍. 改革开放四十年中国产业政策演进与发展——兼论中国产业政策体系的转型 [J]. 管理世界，2018，34（10）：73－85.

[44] 蒋华林."互联网＋"时代学术期刊传播渠道优化探究 [J]. 中国科技期刊研究，2016，27（6）：571－578.

[45] 贾曼. 美国和日本农业科技立法的特点分析及其对我国农业科技适用性研究 [J]. 农家参谋，2017（21）：17－18.

[46] 解佳龙，李雯，雷殷. 国家自主创新示范区科技人才政策文本计量研究——以京汉沪三大自创区为例（2009－2018年）[J]. 中国软科学，2019（4）：88－97.

[47] 科技部. 科技部关于印发国家科技成果转移转化示范区建设指引的通知 [Z]. 2017 - 10 - 10.

[48] 孔斌，田真，李学斌. 地方高校农业科技创新管理体制与创新机制的思考 [J]. 宁夏大学学报：自然科学版，2005 (2)：185 - 188.

[49] 旷宗仁，梁植睿，左停. 中国农业科技创新政策目标设定与实现情况分析 [J]. 华南农业大学学报：社会科学版，2012，11 (2)：59 - 68.

[50] 李柏洲，周森. 科研院所创新行为与区域创新绩效间关系研究 [J]. 科学学与科学技术管理，2015，36 (1)：75 - 87.

[51] 李华. 农业科技税收政策的深化思路 [J]. 税务研究，2008 (12)：24 - 27.

[52] 李健，顾拾金. 政策工具视角下的中国慈善事业政策研究——以国务院《关于促进慈善事业健康发展的指导意见》为例 [J]. 中国行政管理，2016 (4)：34 - 39.

[53] 李立，田益祥，张高勋，张弘磊. 空间权重矩阵构造及经济空间引力效应分析——以欧债危机为背景的实证检验 [J]. 系统工程理论与实践，2015，35 (8)：1918 - 1927.

[54] 李宁. "两个平台"助力科技期刊知识服务 [J]. 编辑学报，2016，28 (S1)：92 - 94.

[55] 李平，赵可，张俊飚. 科技投入与农业劳动力非农就业相关关系分析 [J]. 科学学研究，2012，30 (1)：81 - 87.

[56] 李平，王维薇. 现代农业产业技术体系产业经济研发网络特征及发展趋势分析 [J]. 湖北农业科学，2018，57 (21)：147 - 151.

[57] 李平，张俊飚. 现代农业产业技术体系协同创新研究 [M]. 北京：人民出版社，2018.

[58] 李平. 现代农业产业技术体系运行绩效及提升策略研究 [D]. 武汉：华中农业大学，2012.

[59] 李萍，王瑞梅，李华. 企业技术创新系统的结构及过程模型——

基于农业科技企业的分析 [J]. 科技与经济, 2016, 29 (3): 14 - 18.

[60] 李容容, 罗小锋, 余威震. 中国农业科技政策的历史演进及区域政策重点差异分析 [J]. 情报杂志, 2018, 37 (4): 55 - 61.

[61] 李莘, 于光, 李纪, 张万峰. 开放科学任重道远——物理学科学术期刊数字出版对知识传播的影响调查 [J]. 科技与出版, 2015 (11): 118 - 122.

[62] 李小云, 毛绵逵, 徐秀丽, 齐顾波. 中国面向小农的农业科技政策 [J]. 中国软科学, 2008 (10): 1 - 6.

[63] 李燕萍, 吴绍棠, 邬斐, 张海雯. 改革开放以来我国科研经费管理政策的变迁、评介与走向——基于政策文本的内容分析 [J]. 科学学研究, 2009, 27 (10): 1441 - 1447, 1453.

[64] 李兆亮. 中国农业科研投资溢出效应研究 [D]. 华中农业大学, 2017.

[65] 李兆亮, 罗小锋, 张俊飚, 邹金浪. 中国不同类型农业 R&D 投入分布的动态演变及其影响因素分析 [J]. 中国科技论坛, 2017 (1): 144 - 149.

[66] 李兆亮, 罗小锋, 张俊飚, 邹金浪. 中国农业科研投资结构的时空分异特征及其驱动因素 [J]. 经济地理, 2016, 36 (12): 112 - 118.

[67] 蔺洁, 陈凯华, 秦海波, 侯沁江. 中美地方政府创新政策比较研究——以中国江苏省和美国加州为例 [J]. 科学学研究, 2015, 33 (7): 999 - 1007.

[68] 刘頔雅, 李平, 夏星. 基于文献计量的我国学术共同体研究进展分析 [J]. 湖北工业大学学报, 2019, 34 (3): 40 - 45.

[69] 刘冬梅, 郭强. 我国农村科技政策: 回顾、评价与展望 [J]. 农业经济问题, 2013, 34 (1): 43 - 48.

[70] 刘红波, 林彬. 中国人工智能发展的价值取向、议题建构与路径选择——基于政策文本的量化研究 [J]. 电子政务, 2018 (11): 47 - 58.

［71］刘锦宏，赵雨婷，闵梦颖．开放获取期刊知识传播效能研究［J］．出版科学，2016，24（4）：96－99．

［72］刘锦宏，赵雨婷，徐丽芳．开放获取期刊知识传播效果研究［J］．湘潭大学学报：哲学社会科学版，2017，41（5）：142－147．

［73］刘颖．发达国家的农业科技创新模式及对我国的启示——美、英、法、德四国的比较分析［J］．改革与战略，2017，33（5）：168－170．

［74］刘旭，王秀东．完善投入体制和机制　推进农业科技自主创新能力建设［J］．农业经济问题，2007（3）：24－30，111．

［75］刘云，叶选挺，杨芳娟，谭龙，刘文澜．中国国家创新体系国际化政策概念、分类及演进特征——基于政策文本的量化分析［J］．管理世界，2014（12）：62－69，78．

［76］罗雪英，郑庆昌．福建省农业产业技术创新联盟创新绩效影响因素实证研究［J］．福建论坛：人文社会科学版，2014（6）：148－152．

［77］吕振永，党兴华．企业技术创新的激励机制［J］．经济管理，2002（11）：44－47．

［78］马万杰．加快体制机制创新　推进农业科技进步　为河南粮食生产核心区建设提供科技支撑［J］．河南农业科学，2010（4）：5－8．

［79］马文广，邹弈星，严建华，郭红．四川省农业科技成果转化资金实施效果分析［J］．科技管理研究，2012，32（10）：91－94．

［80］毛世平，杨艳丽，林青宁．改革开放以来我国农业科技创新政策的演变及效果评价——来自我国农业科研机构的经验证据［J］．农业经济问题，2019（1）：73－85．

［81］农牧渔业部．农业技术重点推广项目管理试行办法［Z］．1984－4－11

［82］农业部．农业部关于实施"农机科技兴粮行动计划"的通知［Z］．2004－3－8．

［83］农业部．农业部关于加大贫困地区项目资金倾斜支持力度促进特色产业精准扶贫的意见［Z］.2016 - 9 - 1.

［84］农业部．农业部办公厅关于加强农产品加工技术集成科研基地建设的指导意见［Z］.2017 - 5 - 13.

［85］聂颖．支持科技创新投资行为的财税政策选择［J］.财政研究，2013（1）：36 - 40.

［86］钮钦．中国农村电子商务政策文本计量研究——基于政策工具和商业生态系统的内容分析［J］.经济体制改革，2016（4）：25 - 31.

［87］彭纪生，孙文祥，仲为国．中国技术创新政策演变与绩效实证研究（1978～2006）［J］.科研管理，2008（4）：134 - 150.

［88］彭纪生，仲为国，孙文祥．政策测量、政策协同演变与经济绩效：基于创新政策的实证研究［J］.管理世界，2008（9）：25 - 36.

［89］彭继东，谭宗颖．纳米科技学科领域的知识交流——基于期刊引文网络的分析［J］.图书情报工作，2011，55（4）：15 - 18.

［90］全国人民代表大会常务委员会．中华人民共和国促进科技成果转化法［Z］.1996 - 10 - 1.

［91］秦枫．文化科技政策执行效果影响因素研究——基于解释结构模型分析［J］.安徽师范大学学报：人文社会科学版，2019，47（1）：108 - 115.

［92］任爱玲．我国农业科技企业技术创新支持政策问题探讨［J］.调研世界，2006（8）：44 - 45.

［93］芮明杰．中国新型产业体系构建与发展研究［M］.上海：上海财经大学出版社，2017.

［94］商五一，梅方权．增加农业科技投入是政府公共财政的必然选择［J］.中国科技论坛，2006（3）：83 - 86，99.

［95］申红芳，肖洪安，郑循刚，廖西元，陈金发．农业科技投入与农业经济发展的实证研究［J］.科学管理研究，2006（6）：113 - 117.

［96］沈宇丹，张富春，王雅鹏．发达国家现代农业技术创新激励

制度的演变机理与借鉴 [J]. 中国科技论坛，2011（12）：149－155.

[97] 盛亚，于卓灵. 科技人才政策的阶段性特征——基于浙江省"九五"到"十二五"的政策文本分析 [J]. 科技进步与对策，2015，32（6）：125－131.

[98] 苏长青. 知识溢出的扩散路径、创新机理、动态冲突与政策选择——以高新技术产业集群为例 [J]. 郑州大学学报：哲学社会科学版，2011，44（5）：70－73.

[99] 孙洪武，齐博，刘志民. 中试熟化型农业科技项目实施效果评估研究——基于农业科技跨越计划的实证分析 [J]. 科研管理，2012，33（11）：122－128.

[100] 孙胜元. 中国公立农业科研机构省域分布与农业经济发展水平相关性研究 [J]. 科学管理研究，2015，33（6）：64－68.

[101] 孙伟艳，翟印礼. 不同类型农户农业补贴政策认知：测度与影响因素——以辽宁省为例 [J]. 财会月刊，2016（36）：58－62.

[102] 孙玉涛，刘凤朝. 中国企业技术创新主体地位确立——情境、内涵和政策 [J]. 科学学研究，2016，34（11）：1716－1724.

[103] 滕大春. 美国教育史 [M]. 北京：人民教育出版社，1994：423.

[104] 万宝瑞. 印度农业科技体制的组织框架、运行机制及其启示——印度农业科技体制考察报告 [J]. 中国农村经济，2007（9）：77－80.

[105] 万莉，程慧平. 管理科学部重要期刊知识交流效率评价——基于 Super－SBM 与 SFA 模型的实证研究 [J]. 现代情报，2017，37（11）：69－73.

[106] 万莉. 学术期刊知识交流效率评价及影响因素研究 [J]. 中国科技期刊研究，2017，28（12）：1160－1165.

[107] 王班班. 环境政策与技术创新研究述评 [J]. 经济评论，2017（4）：131－148.

[108] 王发明，朱美娟. 创新生态系统价值共创行为影响因素分

析——基于计划行为理论 [J]. 科学学研究，2018，36（2）：370 - 377.

[109] 王惠，王树乔. 图书情报类期刊知识交流效率评价及影响因素研究 [J]. 情报科学，2017，35（3）：134 - 138，156.

[110] 王钦，张崔. 中国工业企业技术创新 40 年：制度环境与企业行为的共同演进 [J]. 经济管理，2018，40（11）：5 - 20.

[111] 王守坤. 空间计量模型中权重矩阵的类型与选择 [J]. 经济数学，2013，30（3）：57 - 63.

[112] 王新华，刘志华，左小丽，向安强. 科技创新体系中的多元联动机理——以温氏模式为例 [J]. 广东农业科学，2010，37（12）：227 - 231.

[113] 王玉玲. 印度农业产业政策体系与效果评价——兼谈对我国农业发展的启示 [J]. 理论月刊，2014（10）：177 - 182.

[114] 王恒玉. 美国农业信息化的特点与启示 [J]. 生产力研究，2007（23）：94 - 95，139.

[115] 王文礼.《不让一个孩子掉队法案》对美国科学教育的双重影响——基于教育政策工具理论的视角 [J]. 教育科学，2018，34（4）：73 - 81.

[116] 王晓明. 美国农业信息化及对我国的启示研究 [J]. 黑龙江科技信息，2013（19）：142.

[117] 王岩，续润华. 美国的"赠地学院"是如何为当地经济建设和社会发展服务的 [J]. 河北师范大学学报，1998（3）：10 - 13.

[118] 王莹. 联邦财政投入与美国农业教育、科研、推广体系 [J]. 中国农业教育，2003（5）：1 - 3.

[119] 魏强. 高校学报知识传播渠道的拓展 [J]. 西南农业大学学报：社会科学版，2010，8（2）：244 - 247.

[120] 闻媛. 技术创新政策分析与工具选择 [J]. 科技管理研究，2009，29（8）：47 - 49.

[121] 邬德林，张平. 农业科技投入是形成农民收入"马太效应"的原因吗 [J]. 农业技术经济，2015（4）：61 – 68.

[122] 吴林海，彭宇文. 农业科技投入与农业经济增长的动态关联性研究 [J]. 农业技术经济，2013（12）：87 – 93.

[123] 吴林海. 我国农业科技创新供给的影响因素及对策探讨 [J]. 上海经济研究，2009（1）：30 – 35.

[124] 吴兴海，马俊，罗国锋，张敬伟. 鼓励还是拒绝员工创新：企业的创新政策选择 [J]. 科研管理，2016，37（6）：45 – 56.

[125] 吴一平，李鲁. 中国开发区政策绩效评估：基于企业创新能力的视角 [J]. 金融研究，2017（6）：126 – 141.

[126] 熊鹂，徐琳杰，焦悦，翟勇. 美国农业科技创新和推广体系建设的启示 [J]. 中国农业科技导报，2018，20（10）：15 – 20.

[127] 徐世平. 美国农业法变迁探析 [J]. 甘肃农业，2005（11）：141.

[128] 杨秀治. 从《不让一个孩子掉队法案》到《每个学生都成功法案》：美国中小学教育问责体系的演变 [J]. 外国教育研究，2017，44（5）：18 – 25.

[129] 肖红军. 用政策激励创新 [N]. 人民日报，2014 – 07 – 27（5）.

[130] 肖鲁仁. 农业技术创新扩散的媒介传播效果分析 [J]. 湖南社会科学，2017（4）：196 – 200.

[131] 许海云，方曙. 非参数统计的期刊影响力评价方法研究 [J]. 图书情报工作，2013，57（5）：107 – 113.

[132] 闫华红，蒋婕，王再进，田德录. 亚太经合组织及相关国际组织科技创新政策的分析与评价 [J]. 中国科技论坛，2018（8）：155 – 163.

[133] 阎波，张炜. 科技军民融合政策：实施逻辑与路径选择 [J]. 上海交通大学学报：哲学社会科学版，2018，26（6）：73 – 80.

［134］阎东彬. 京津冀城市群科技创新政策效果评估——基于监测评估逻辑框架［J］. 中国流通经济，2019，33（4）：10 - 19.

［135］阳杰，刘锦宏，赵雨婷. 开放获取期刊知识传播系统研究［J］. 出版科学，2017，25（5）：92 - 98.

［136］杨宏山. 政策执行的路径——激励分析框架：以住房保障政策为例［J］. 政治学研究，2014（1）：78 - 92.

［137］杨剑波.1978～2003 年我国农业科技投入和粮食产量关系的计量分析［J］. 科技管理研究，2007（5）：69 - 71.

［138］杨丽娜，方玉玲. 国内图书情报学科核心期刊开放存取转型研究［J］. 图书馆，2015（3）：40 - 44，71.

［139］杨天和，褚保金. 中国农产品质量安全保障体系中的技术创新［J］. 南京农业大学学报，2005（3）：102 - 106.

［140］杨同芝. 发展农业高新技术风险投资的意义及对策［J］. 农业技术经济，2000（4）：28 - 30.

［141］余剑. 新常态下战略性新兴产业发展路径选择及其金融政策响应——基于需求端视角的研究［J］. 财政研究，2015（6）：70 - 75.

［142］俞培果，蒋葵. 农业科技投入的价格效应和分配效应探析［J］. 中国农村经济，2006（7）：54 - 62，71.

［143］岳洪江. 管理科学知识扩散网络的结构研究［J］. 科学学研究，2008（4）：779 - 786.

［144］翟虎渠. 大力推进农业科技创新与体制创新［J］. 求是，2003（5）：26 - 28.

［145］湛中林. 交易成本视角下政策工具的选择与创新［J］. 江苏行政学院学报，2015（5）：100 - 105.

［146］张兵，周彬. 欠发达地区农户农业科技投入的支付意愿及影响因素分析——基于江苏省灌南县农户的实证研究［J］. 农业经济问题，2006（1）：40 - 44，79.

［147］张朝华. 制度变迁视角下我国农业科技政策发展及展望［J］.

科技进步与对策，2013，30（10）：119－123．

[148] 张赤东．中国企业技术创新主体地位监测分析（2000～2012年）[J]．科研管理，2015，36（11）：71－79．

[149] 张国兴，李佳雪，胡毅，高杨，汪凡智．节能减排科技政策的演变及协同有效性——基于211条节能减排科技政策的研究 [J]．管理评论，2017，29（12）：72－83，126．

[150] 张可云，王裕瑾，王婧．空间权重矩阵的设定方法研究 [J]．区域经济评论，2017（1）：19－25．

[151] 张垒．期刊知识交流效率及影响因素分析——基于 DEA－Tobit 两阶段法 [J]．科学学研究，2015，33（4）：516－521，615．

[152] 张平，于珊珊，邬德林．政策视角下我国农业科技国际合作效果评价研究 [J]．科技进步与对策，2014，31（7）：120－124．

[153] 张同全，石环环．科技园区创新人才开发政策实施效果评价——基于山东省8个科技园区的比较研究 [J]．中国行政管理，2017（6）：85－89．

[154] 张银定、钱克明．我国农业科研体系的制度变迁与科研体制改革的绩效评价研究 [D]．北京：中国农业科学院博士学位论文，2006．

[155] 张永安，耿喆，李晨光，王燕妮．区域科技创新政策对企业创新绩效的影响效率研究 [J]．科学学与科学技术管理，2016，37（8）：82－92．

[156] 张永安，郄海拓，颜斌斌．基于两阶段 DEA 模型的区域创新投入产出评价及科技创新政策绩效提升路径研究——基于科技创新政策情报的分析 [J]．情报杂志，2018，37（1）：198－207．

[157] 张跃强，陈池波．财政农业科技投入对农业科技创新绩效的影响 [J]．科技进步与对策，2015，32（10）：50－54．

[158] 张震，颜俊学，龚慧超．增加农民收入的关键因子分析——以科技支撑为视角 [J]．华中农业大学学报：社会科学版，2015（1）：

48 - 53.

[159] 张自立, 姜明辉, 李向阳. 国家自然科学基金委员会管理科学部重要期刊异质知识交流能力研究 [J]. 管理学报, 2012, 9 (6): 792 - 799.

[160] 赵凯, 侯军岐. 论发展我国农业高新技术产业的对策选择 [J]. 农业技术经济, 2002 (5): 17 - 20.

[161] 赵芝俊, 张社梅. 我国农业科研投资宏观经济效益分析 [J]. 农业技术经济, 2005 (6): 43 - 49.

[162] 赵惠娟, 刘妮雅, 杨伟坤. 农业科技创新体系中企业主体地位的美国经验与启示 [J]. 世界农业, 2015 (7): 52 - 55.

[163] 赵筱媛, 苏竣. 基于政策工具的公共科技政策分析框架研究 [J]. 科学学研究, 2007 (1): 52 - 56.

[164] 周陈曦, 翁贞林. 农业政策相关变量对江西水稻总产的影响及其对策研究 [J]. 农业系统科学与综合研究, 2009, 25 (2): 192 - 197.

[165] 周敏丹, 尹志锋. 农业科技推广、资本深化与就业替代——基于国家科技富民强县专项行动计划的实证分析 [J]. 经济学家, 2017 (5): 91 - 96.

[166] 中共中央 国务院. 中共中央、国务院关于坚持农业农村优先发展做好"三农"工作的若干意见 [Z]. 2019 - 1 - 3.

[167] 中共中央 国务院. 中共中央、国务院关于实施乡村振兴战略的意见 [Z]. 2018 - 01 - 02.

[168] 中共中央 国务院. 中共中央、国务院关于深入推进农业供给侧结构性改革加快培育农业农村发展新动能的若干意见 [Z]. 2016 - 12 - 31.

[169] 中共中央 国务院. 中共中央、国务院关于落实发展新理念加快农业现代化实现全面小康目标的若干意见 [Z]. 2015 - 12 - 31.

[170] 中共中央 国务院. 中共中央、国务院关于加大改革创新力

度加快农业现代化建设的若干意见 [Z].2015-2-1.

[171] 中共中央 国务院.中共中央、国务院关于全面深化农村改革加快推进农业现代化的若干意见 [Z].2014-1-19.

[172] 中共中央 国务院.中共中央、国务院关于加快发展现代农业进一步增强农村发展活力的若干意见 [Z].2012-12-31.

[173] 中共中央 国务院.中共中央、国务院关于加快推进农业科技创新持续增强农产品供给保障能力的若干意见 [Z].2011-12-31.

[174] 中共中央 国务院.中共中央、国务院关于加快水利改革发展的决定 [Z].2010-12-31.

[175] 中共中央 国务院.中共中央、国务院关于加大统筹城乡发展力度进一步夯实农业农村发展基础的若干意见 [Z].2009-12-31.

[176] 中共中央 国务院.中共中央、国务院关于2009年促进农业稳定发展农民持续增收的若干意见 [Z].2008-12-31.

[177] 中共中央 国务院.中共中央、国务院关于切实加强农业基础建设进一步促进农业发展农民增收的若干意见 [Z].2007-12-31.

[178] 中共中央 国务院.中共中央、国务院关于积极发展现代农业扎实推进社会主义新农村建设的若干意见 [Z].2006-12-31.

[179] 中共中央 国务院.中共中央、国务院关于实施科技规划纲要增强自主创新能力的决定 [Z].2006-1-26.

[180] 中共中央 国务院.中共中央、国务院关于推进社会主义新农村建设的若干意见 [Z].2005-12-31.

[181] 中共中央 国务院.中共中央、国务院关于进一步加强农村工作提高农业综合生产能力若干政策的意见 [Z].2004-12-31.

[182] 中共中央 国务院.中共中央、国务院关于促进农民增加收入若干政策的意见 [Z].2003-12-31.

[183] 中共中央 国务院.中共中央、国务院关于加强技术创新、发展高科技、实现产业化的决定 [Z].1999-8-20.

[184] 中共中央.中共中央关于加快农业发展若干问题的决定

［Z］. 1979 – 9 – 28.

［185］Allison Loconto & Emmanuel Simbua. "Tinkering" with Tea: Science, Technology and Innovation Policies in Tanzania's Agricultural Research System ［M］. Chapters, Research Hand book on Innovation Governance for Emerging Economies. Edward Elgar Publishing, 2017: 265 – 291.

［186］Andrew P. Barnes. Towards a Framework for Justifying Public Agricultural R&D: the Example of UK Agricultural Research Policy ［R］. Research Policy, 2001（4）: 663 – 672.

［187］Anselin L. Exploring Spatial Data with GeoDa?: A Workbook. Spatial Analysis Laboratory, Department of Geography ［M］. IL, USA: University of Illinois and the Centre for Spatially Integrated Social Science（CSISS）, 2005.

［188］Briones, Roehlano M. & David, Cristina C. & Inocencio, Arlene B. & Intal, Ponciano Jr. S. & Geron, Maria Piedad S. & Ballesteros, Marife M. Monitoring and Evaluation of Agricultural Policy Indicators ［R］. Discussion Papers DP 2012 – 26, Philippine Institute for Development Studies, 2012.

［189］Chemeris, Anna & Ker, Alan P. Insurance Subsidies, Technological Change, and Yield Resiliency in Agriculture ［R］. Working Papers 290308, University of Guelph, Institute for the Advanced Study of Food and Agricultural Policy, 2019.

［190］Dan Breznitza, Amos Zehav. The Limits of Capital: Transcending the Public Financer-private producer split in Industrial R&D ［J］. Research Policy, 2010（39）: 301 – 312.

［191］Dimitris Kremmydas. Agent Based Modeling for Agricultural Policy Evaluation: A Review ［R］. Working Papers 2012 – 3, Agricultural University of Athens, Department Of Agricultural Economics, 2012.

［192］David R. Lee. Agricultural Sustainability and Technology Adoption: Issues and Policies for Developing Countries [J]. American Journal of Agricultural Economics, 2005, 87 (5): 1325 – 1334.

[193] David R. Lee & Christopher B. Barrett & John G. McPeak. Policy, Technology, and Management Strategies for Achieving Sustainable Agricultural Intensification [J]. Agricultural Economics, 2006, 34 (2): 123 – 127.

[194] McPeak. Policy, technology, and management strategies for achieving sustainable agricultural intensification [J]. Agricultural Economics, 2006, 34 (2): 123 – 127.

[195] Independent Evaluation Group. International Assessment of Agricultural Knowledge, Science, and Technology for Development [M]. World Bank Publications, The World Bank, 2010, No. 27911.

[196] Delgado, C., Hazell, P., Hopkins, J. & Kelly, V. Promoting Intersectoral Growth Linkages in Rural Africa through Agricultural Technology and Policy Reform [J]. American Journal of Agricultural Economics, 1994, 76 (5): 1166 – 1171.

[197] Devi, P. Indira, Solomon, Sebin Sara & Jayasree, M. G. Green Technologies for Sustainable Agriculture: Policy Options Towards Farmer Adoption [J]. Indian Journal of Agricultural Economics, Indian Society of Agricultural Economics, 2015, 69 (3): 1 – 12.

[198] Frank M. Vanclay, A. Wendy Russell, Julie Kimber. Enhancing Innovation in Agriculture at the Policy Level: The Potential Contribution of Technology Assessment [J]. Land Use Policy, 2013, 31: 406 – 411.

[199] Griliches Z. Issues in Assesing the Contribution of Research and Development to productivity growth [J]. Bell Journal of Economics, 1979, 10 (1): 92 – 116.

[200] Griliches, Z. Productivity, R&D, and Basic Research at the Firm Level in the 1970s [J]. American Economic Review, 1986, 76: 141 – 154.

[201] Gustavo Manso. Motivating Innovation [J]. The Journal of

Finance, 2011, 66 (5): 1823 – 1860.

[202] Haiyan Deng, Ruifa Hu, Carl Pray, Yanhong Jin. Impact of Government Policies on Private R&D Investment in Agricultural Biotechnology: Evidence from Chemical and Pesticide Firms in China [J]. Technological Forecasting and Social Change, 2019, 147 (10): 208 – 215.

[203] Jessica Rudnick, Meredith Niles, Mark Lubell, Laura Cramer. A Comparative Analysis of Governance and Leadership in Agricultural Development Policy Networks [J]. World Development, 2019, 117: 112 – 126.

[204] Johannes Woelcke. Technological and Policy Options for Sustainable Agricultural Intensification in Eastern Uganda [J]. Agricultural Economics, 2006, 34 (2): 129 – 139.

[205] Joko Mariyono & Tom Kompas & R. Grafton. Shifting from Green Revolution to Environmentally Sound Policies: Technological Change in Indonesian Rice Agriculture. Journal of the Asia Pacific Economy, Taylor & Francis Journals, 2010, 15 (2): 128 – 147.

[206] Kisitu Bruce, Hofisi Costa. Enabling Environment for PPPs in Agricultural Extension Projects: Policy Imperatives for Impact [J]. Journal of Rural Studies, 2019, 70: 87 – 95.

[207] Lance E. Davis & Douglass C. North. Institutional Change and American Economic Growth [M]. New York: Cambridge University Press, 1971.

[208] LeSage, J. and Pace, R. K. Introduction to Spatial Econometrics [M]. CRC Press, Taylor & Francis Group, New York, 2009.

[209] Laura Gutiérrez & Camilo Calle & Gabriel Agudelo. Technology transfer Policy of the Agricultural Sector in Colombia with a Territorial Approach [J]. Lecturas de Economía, Universidad de Antioquia, Departamento de Economía, 2018 (89): 199 – 219.

[210] Lybbert, Travis J. & Sumner, Daniel A. Agricultural Technologies

for Climate Change in Developing Countries: Policy Options for Innovation and Technology Diffusion [J]. Food Policy, Elsevier, 2012, 37 (1): 114 – 123.

[211] Minna Allarakhia, D. Marc Kilgour, J. David Fuller. Modelling the Incentive to Participate in Open Source Biopharmaceutical Innovation [J]. R&D Managment, 2010, 40 (1): 50 – 66.

[212] Nagaraj, N. . Rapporteurs' Report: Development of Dryland Agriculture: Technological, Institutional, Infrastructural and Policy Imperatives [J]. Indian Journal of Agricultural Economics, Indian Society of Agricultural Economics, 2013, 68 (3): 1 – 16.

[213] Omamo, S. W. & Lynam, J. K. Agricultural Science and Technology Policy in Africa [J]. Research Policy, 2003, 32 (9): 1681 – 1694.

[214] Pierluigi Siano. Assessing the Impact of Incentive Regulation for Innovation on RES Integration [J] . IEEE Transactions on Power Systems, 2014, 29 (5): 2499 – 2508.

[215] Rajeswari S. Raina, Sunita Sangar, V. Rasheed Sulaiman, Andrew J. Hall. The Soil Sciences in India: Policy Lessons for Agricultural Innovation [J]. Research Policy, 2006, 35 (5): 91 – 714.

[216] Rada, Nicholas E. & Valdes, Constanza. Policy, Technology, and Efficiency of Brazilian Agriculture [R] . Economic Research Report 127498, United States Department of Agriculture, Economic Research Service, 2012.

[217] Robert Tripp. Agricultural Technology Policies for Rural Development [J]. Development Policy Review, Overseas Development Institute, 2001, 19 (4): 479 – 489.

[218] Rothwell, R. & Zegveld, W. Industrial Innovation and Public Policy Preparing for the1980s and 1990s [J] . London: Frances Printer, 1981: 10 – 12.

[219] Rothwell, R. & Zegveld. Reindustrialisation and Technology

［M］. London：Longman，1985.

［220］ S. S. Hosseini，E. Hassanpour，S. Y. Sadeghian. An Economic Evaluation of Iranian Public Agricultural R&D Policy：The Case of Sugarbeet ［J］. Research Policy，2009，38（9）：1446 – 1452.

［221］ Ulrich Lichtenthaler. Open Innovation：Past Research，Current Debates，and Future Directions ［J］. Academy of Management Perspectives，2011，25（1）：75 – 93.

［222］ Wenhao Chen，Nicholas M. Holden. Bridging Environmental and Financial Cost of Dairy Production：A Case Study of Irish Agricultural Policy ［J］. Science of The Total Environment，2018，615：597 – 607.

后　记

　　一晃时间已过去三年余，很荣幸能够成为中南财经政法大学的一名学子，并在这里开展我钟爱的应用经济学方向的博士后研究工作。感谢恩师陈池波教授对我的悉心指导和培养，陈老师既是我学业的领路人，也是我学习的楷模。陈老师独特的人格魅力、崇高精神理念和严谨求实的科研态度深深感染着我，使我博士后研究工作期间少有困顿。在陈老师的谆谆教诲下，在学业上我能够坚守"三农"初心，始终致力于农业经济理论与政策的研究，在生活上能够学会坦然面对，始终坚持积极进取。在本书成稿过程中，也得到了工商管理学院严立冬教授、郑家喜教授、张开华教授、吴海涛教授和邓远建老师、田云老师等师长们的大力指导和帮助，在此一并感谢。同时感谢陈门家园的各位兄弟姐妹，感谢所在单位各位领导和同事，最后感谢我的家人。2020 年是新中国成立71 周年，更是中国"三农"事业发展极不平凡的一年，农业农村农民均受到了来自新冠疫情的影响。作为一名研究"三农"问题的青年学人，能够在此期间完善本书稿的写作实属不易，同时也为疫情常态化防控期间国家在"三农"战线上取得的丰硕成果深感自豪、备受鼓舞。无论身在何处，我将始终铭记自己是财大农经的一员，秉持"博文明理，厚德济世"的校训，继续在"三农"问题研究方面学习坚守，继续在农业发展领域开拓创新，为财大农业经济专业发展添砖加瓦。感谢湖北省社科基金一般项目（后期资助项目）"中国农业科技政策执行效果评估及执行机制优化研究"的宝贵支持。

特别感谢张俊飚教授、罗小锋教授百忙之中的指导。此外在本书成稿过程中，我的同事和好友，潘经韬老师、李兆亮老师、程琳琳老师和李容容老师等提出了很多真知灼见，也得到了我的学生彭慧灵、伍海君、蔡啸宇等同学在数据搜集、文稿整理方面的帮助，一并表示感谢。最后也感谢家人对我科研工作的大力支持。

本书出版也得到了国家自然科学基金项目（71503074）、国家社科基金重点项目（15AJY014）、中国博士后科学基金项目（2016M602398）的大力资助。也感谢湖北工业大学湖北省循环经济发展研究中心在科研平台上的宝贵支持。鉴于笔者水平和能力所限，书中可能还存在一定的错误，恳请批评指正。

2020 年 12 月